Simone Gutacker

Gesammelte wissenschaftlich-theologische Hausarbeiten

Simone Gutacker

Gesammelte wissenschaftlich-theologische Hausarbeiten

Bedeutung der Heiligtümer von Bethel & Dan Johann Baptist Metz´ Politische Theologie Martin Luthers Schrift Kriegsleute

Fromm Verlag

Imprint

Publisher:
Fromm Verlag
is a trademark of
International Book Market Service Ltd., member of OmniScriptum Publishing Group
17 Meldrum Street, Beau Bassin 71504, Mauritius

Printed at: see last page
ISBN: 978-620-2-44015-8

Inhaltsverzeichnis:

I. Wissenschaftliche Hausarbeit: „Die Heiligtümer von Bethel und Dan. Geschichte und theologische Bedeutung für Israel“ (1998)[1]

Literaturverzeichnis:

Abkürzungsverzeichnis: Abkürzungen richten sich nach: SCHWERTNER, S., Internationales Abkürzungsverzeichnis für Theologie und Grenzgebiete, Berlin / New York 1992. 1. Quellen: a) Bibelausgaben: BUBER, M./ ROSENZWEIG, F., Bücher der Kündung, Köln / Olten 1958 (Nachdruck: Stuttgart 1992). ELLIGER, K./ RUDOLPH, W. (Hg.), Biblia Hebraica Stuttgartensia, Stuttgart 1990. LUTHER, M., Die Bibel, Bibeltext in der revidierten Fassung von 1984, Stuttgart 1985. b) Sonstige Quellen: RENZ, J./ RÖLLIG, W., Handbuch der althebräischen Epigraphik, Bd. I: Die althebräischen Inschriften Teil I: Text und Kommentar; Bd. II/1: Die althebräischen Inschriften Teil 2: Zusammenfassende Erörterungen, Paläographie und Glossar, Darmstadt 1995. 2. Hilfsmittel: GESENIUS, W., Hebräisches und aramäisches Handwörterbuch über das Alte Testament, Berlin / Göttingen / Heidelberg ^{17}1962. 3. Sekundärliteratur: a) Zu Bethel: ALT, A., Die Wallfahrt von Sichem nach Bethel, in: Kleine Schriften zur Geschichte des Volkes Israel, Bd. 1, München ^{4}1968, 79-88. CLEVELAND, R.L., More on the South Arabian Clay Stamp Found at Beitin, in: BASOR, 1973, 33-36. DOHMEN, C., Das Heiligtum von Dan. Aspekte religionsgeschichtlicher Darstellung im Deuteronomistischen Geschichtsblick, in: BN 17, 1982, 17-22. DUS, J., Ein richterzeitliches Standpunktheiligtum zu Bethel. Die Aufeinanderfolge der frühisraelitischen Zentralkultstätten, in: ZAW 77, 1065, 268-286. EISSFELDT, O., Der Gott Bethel, in: Kleine Schriften, Bd. 1, 206-233. GALLING, K., Bethel und Gilgal (Fortsetzung und Schluß), in: ZDPV 67, 1945, 21-43. HYATT, J.P., A Neo-Babylonian Parallel to Bethel-sar-eser, Zech 7,2, in: JBL 56, 1937, 387-394. KALLAI, Z., Beth-El-Luz and Beth-Aven, in: LIWAK, R. / WAGNER, S., (Hg.), Prophetie und geschichtliche Wirklichkeit im alten Israel, FS. HERRMANN, S., Stuttgart / Berlin / Köln 1991, 171-188. KELSO, J.L.,Art.: Bethel, NEAEHL I, 192-194. - ders., The fourth Campaign at Bethel, in: BASOR 164, 1961, 5-19. - ders., Excavation at Bethel, in: BA 19, 1956, 36-43. - ders., The Excavation of Bethel (1934-1960), AASOR 39, Cambridge 1968. KITTEL, R., Der Gott Bet´el, in: JBL 44, 1925, 123-153. - ders., Zum Gott Bet´el, in: ZAW, 170-172. KNAUF, E.A., Beth Aven, in: Bib. 65, 1984, 251-253. LIVINGSTON, D., Further Considerations of the Location of Bethel at El-Birch, in: PEQ 126, 1994, 154-159. MAAG, V., Zum Hieros Logos von Bethel, in: FS. MAAG, V., Kultur, Kulturkontakt und Religion. NA´AMAN, N., Beth-aven, Bethel and Early Israelite Sanctuaries, in: ZDPV 103, 1987, 13-21. NAUERTH, C., Es stand ein Mandelbaum in Luz - Zur Bedeutung der Bezeichnung "Bethel, einst Luz", in: DBAT 21, 1985, 28-42. NOTH, M., Bethel und Ai, in: PJB 31, 7-29. OTTO, E., Jakob in Bethel. Ein Beitrag zur Geschichte der Jakobüberlieferung, in: ZAW 88, 1976, 165-190. PFEIFFER, H., Das Heiligtum von Bethel im Spiegel des Hoseabuches, Diss. Berlin 1997. SCHMIDT, L., El und die Landverheißung in Bet-El (Die Erzählung von Jakob in Bet-El: Gen 28, 11-22), in: KOTTSIEPER, I., u.a., (Hg.), "Wer ist wie du, Herr, unter den Göttern?", FS. KAISER, O., Göttingen 1994, 156-168. WOLFF, H.W., Das Ende des Heiligtums in Bethel, in: KUSCHKE, A./ KUTSCH, E., (Hg.), Archäologie und Altes Testament, FS. GALLING, K., Tübingen 1970, 287-298. WÜRTHWEIN, E., Die Erzählung vom Gottesmann aus Juda in Bethel. Zur Komposition von 1Kön 13, in: GESE, H./ RÜGER, H.P., Wort und Geschichte, FS. ELLIGER, K., AOAT 18, 181-190. b) Zu Dan: BIRAN, A., An Israelite Horned Altar at Dan, in: BA 37,4, 1974, 106f. - ders., Art.: Dan, in: Archaeology and Biblical Interpretation, Atlanta, Georgia 1987, 101-112. - ders., The Dancer from Dan, The Empty Tomb and the Altar Room, in: IEJ 36, 1986, 168-187. - ders., The Discovery of the Middle Bronce Age Gate at Dan, in: BA 44,3, 1986, 139-144. - ders., The Triple-Arched Gate of Laish at Tel

---

[1] Wissenschaftliche Hausarbeit zur Ersten Theologischen Prüfung Herbst 1998. 1. Ausfertigung.

Dan, in: IEJ 34, 1984, 1-19. - ders., Tel Dan, in: BA 37,2, 1974, 26-51. - ders., Tel Dan - Five Years later, in: BA 43,3, 1980, 168-182. - ders., Twenty Years of Digging at Tell Dan, in: Bibl. Arch. Rev. 13,4, 1987, 12-25. GEVIRTZ, S., Adumbrations of Dan in Jacob´s Blessing of Judah, in: ZAW 93, 1981, 21ff. GÖRG, M., Art.: Bet-El, in: NBL I, 281f. LAUGHLIN, J.C.H., The remarkable Discoveries at Tell Dan, in: BAR 7,5, 1981, 20-37. MAZAR, B., The cities of the Territory of Dan, in: AHITM, Sh./ LEVINE, B.A., (Hg.), The Early Biblical Period, Historical Studies, Jerusalem 1986, 104-112. NEGEBI, O., A Canaanite Bronce Figurine from Tel Dan, in: IEJ 14, 1964, 270f. NIEMANN, H.M., Die Daniten. Studien zur Geschichte eines altisraelitischen Stammes, FRLANT 135, 1985. SPINA, F.A., The Dan Story Historically Reconsidered, in: JSOT 4, 1977, 60-71. STAGER, L.E./ WOLFF, S.R., Production and Commerce in Temple Courtyards: An Olive Press in the Sacred Precine at Tell Dan, in: BASOR 243, 1981, 95-102. WEIPPERT, H., Art.: Dan, BRL², 55f. c) Sonstige: ALBERTZ, R., Religionsgeschichte Israels in alttestamentlicher Zeit, 2 Bde., ATD.E 8/1-2, 1992. BERNHARDT, K.-H., Gott und Bild. Ein Beitrag zur Begründung und Deutung des Bilderverbotes im Alten Testament, Theologische Arbeiten 2, Berlin 1956. - ders., Art.: Kalb, BHH II, 920f. BLUM, E., Die Komposition der Vätergeschichte, WMANT 57, 1984. BOECKER, H.J., Altes Testament, Neukirchen-Vluyn ⁵1996, 1-87. BOESE, J. / LEEMANNS, W.F. / VON OTTEN, H. / RÜSS, U., Art.: Gold, RLA III, 504-531. CRÜSEMANN, F., Die Tora. Theologie und Sozialgeschichte des alttestamentlichen Gesetzes, Gütersloh 1997. DANELIUS, E., The Sins of Jerobeam Ben Nabat, in: JQR 58, 1967/68, 95-114. 204-223. DEBUS, J., Die Sünde Jerobeams. Studien zur Darstellung Jerobeams und der Geschichte des Nordreiches in der deuteronomistischen Geschichtsschreibung, FRLANT 93, 1967. DOHMEN, C., Das Bilderverbot. Seine Entstehung und seine Entwicklung im Alten Testament, BBB 62, 1987. DONNER, H., Geschichte des Volkes Israel und seiner Nachbarn in Grundzügen, 2 Bde., ATD.E 4/ 1-2, 1995. - ders., "Hier sind deine Götter Israel", in: GESE, H. /

RÜGER, H.P. (Hg.), Wort und Geschichte, FS. ELLIGER, K., AOAT 18, 1973, 45-50. DUMERMUTH, F., Zur deuteronomistischen Kulttheologie und ihren Voraussetzungen, in: ZAW 70, 1958, 59-89. EISSFELDT, O., Lade und Stierbild, in: Kleine Schriften, Bd. 2, 282-305. FOHRER, G., Exegese des Alten Testaments, Heidelberg / Wiesbaden 1989. GUNKEL, H., Genesis, HK I/1, Nachdruck Berlin 1963. GUTHRIE, D./MOTYER, J.A., Kommentar zur Bibel, AT und NT in einem Band, Wuppertal 1992. HENNIG, K., Jerusalemer Bibel-Lexikon, Neuhausen-Stuttgart 1995. HERR, B., Welches war die Sünde Jerobeams? Erwägungen zu 1 Kön 12,26-33, in: BN 74, 57-65. LAATO, A., History and Ideology in the Old Testament Prophetic Books, in: SJOT 8, 1994, 267-297. MOTZKI, H., Ein Beitrag zum Problem des Stierkultes in der Religionsgeschichte Israels, in: VT 25, 1975, 470-485. NOTH, M., Geschichte Israels, Nachdruck Berlin 1976. SANDA, A., Die Bücher der Könige, 1. Halbband: Das Erste Buch der Könige, EHAT 9, 1911. SCHMIDT,W.H., Alttestamentlicher Glaube in seiner Geschichte, Neukirchen-Vluyn 1996. - ders., Einführung in das alte Testament, Berlin / New York 1995. SMEND, R., Die Entstehung des Alten Testaments, ThW 1, 41989. VON SODEN, W., Art.: Stierdienst, RGG3 VI, 372f. SOGGIN, J.A., Einführung in die Geschichte Israels und Judas. Von den Ursprüngen bis zum Aufstand Bar Kochbas, Darmstadt, 1991. STÖRK, L., Art.: Gold, LÄ II, 725-731. WEIMAR, P., Das Goldene Kalb. Redaktionsgeschichtliche Erwägungen zu Ex 32, in: BN 38/39, 1987, 117-160. WEPPERT, M.,Gott und Stier, in: ZDPV 77, 1961, 93-117. WELTEN, P., Art.: Götterbild, männliches, BRL2, 99-111. VAN WINKLE, D.W., 1 Kings XII25-XIII34: Jerobeams Cultic Innovations and the man of God from Judah, in: VT 46, 1996, 101-114. WÜRTHWEIN, E., Die Bücher der Könige. 1. Könige 1-16, ATD 11/1, 1977. - ders., Die Bücher der Könige. 1. Könige 17 - 2. Könige 25, ATD 11/2, 1984. ZIMMERLI, W., Das Bilderverbot in der Geschichte des alten Israel. Goldenes Kalb, Eherne Schlange, Mazzeben und Lade, in: ders., Studien zur alttestamentlichen Theologie und Prophetie, Gesammelte Aufsätze, Bd. 2, ThB 51, 1974, 247-260.

Gliederung der Arbeit:

0. Einleitung:

0.1. Fragestellung: Aus den unzählig-möglichen Fragestellungen, die durch die Beschäftigung mit der Thematik der Heiligtümern von Bethel und Dan im Laufe der Zeit aufgeworfen wurden, diente mir folgende als Leitfrage: Wer brachte wo, wann, wie und warum, das geschichtlich-bewährte und theologisch-wichtige Heiligtum von Bethel in Verruf? Vorweggenommene thesenartige Antwort: Die Deuteronomisten (wer) des Südreiches Juda (wo), im siebten vorchristlichen Jahrhundert, (wann), durch nachträgliche Diffamierung Bethels zur Götzendienststelle Jerobeams I. als Begründung für den Untergang des Nordreiches (wie), wegen Beanspruchung des Jerusalemer Tempels als einziger Anbetungsstätte JHWHs, des alleinigen Gottes Israels (warum). 0.2. Aufbau und Vorgehensweise: Der Gliederung entnehmbar und der Aufgabenstellung entsprechend, werde ich die Arbeit in zwei Abschnitten aufbauen, im ersten Teil dem Versuch einer geschichtlichen Rekonstruktion anhand der biblischen Befunde nachgehen und im zweiten, der Komplexität wegen auf die deuteronomistische Deutung beschränkt, die Frage nach der theologischen Bedeutung für Israel zu beantworten mich anschicken.

1. Die Heiligtümer von Bethel und Dan. Zur Geschichte:

1.1. Zu Bethel und zur Geschichte des Heiligtums von Bethel (vor der Reichsgründung und im geeinten Reich): "Solche Kultgründungs- oder Entdeckersagen (z.B. Gen 28,10ff von Bet-El) scheiden für die Rekonstruktion des Vätergottglaubens aus, weil sie von ihrem Wesen her ortsgebunden sind. Die Nomaden sind zu den Heiligtümern gewallfahrtet, aber haben sie nicht begründet, sondern vorgefunden. ... Selbst die kurzen Nachrichten über den Bau von Altären ... wollen wohl nur die bereits bestehenden kanaanäischen Heiligtümer auf die Erzväter zurückführen. Überhaupt stammt die überwiegende Mehrzahl der Vätergeschichten aus dem Kulturland."[2] Der Ursprung des Heiligtums von Bethel liegt in der Zeit vor der Staatwerdung Israels. Bethel ist ein altes tribales Heiligtum, an dem der Gott El von Bet-El[3] verehrt wurde. *(Genesis 12,8: Abram baut dem Herrn einen Altar östlich der Stadt Bethel; 13,3f.: Abram zieht aus dem Südland bis zur Altarstätte, um dort den Namen des hvhy anzurufen; 28,19: Jakob nennt die Stätte, an der er die Himmelsleiter schaute, an der ihm Gott begegnete, Haus Gottes, Beth-El.*

[2]Schmidt, Glaube, 38.
[3]Vgl. Eissfeldt, Gott Bethel, 206ff. und Kittel, Gott Bet´El, 123ff., bzw. Mitteilungen zum Gott Bet´el, 170-172.

Vorher hieß die Stadt Lus; 31,13: Der Gott, der Jakob in Bethel erschienen ist, wo Jakob den Stein salbte und ein Gelübde tat, spricht zu ihm; 35,1: Ziehe nach Bethel, baue dort dem Gott, der dir auf der Esau-Flucht erschien, einen Altar. 3: Laßt uns nach Bethel ziehen, daß ich dem Gott, der mich in Trübsal erhörte, einen Altar baue. 6-8: Jakob kommt nach Lus im Land Kanaan, nun Bethel, baut einen Altar, nennt die Stätte El-Beth-El, weil Myhla sich ihm dort offenbart hatte. Rebekkas Amme Debora stirbt und wird unter der Klageeiche bei Bethel begraben. 14ff.: Jakob errichtet ein steinernes Mal, gießt Öl und Trankopfer darauf, nennt die Stätte, an der Gott mit ihm geredet hatte, Bethel. Aufbruch von Bethel;) Offensichtlich gibt es eine Stadt namens Bethel, die vorher Lus geheißen hat, an deren Ostseite Abram einen Altar dem JHWH errichtete, und den(selben?) Kultort, der, von Jakob mit einem steinernen Mal, bzw. Altar versehen, und gleich mehrfach Beth-El, bzw. El-Beth-El genannt wird, weil Gott sich dort offenbarte. "Die Heiligkeit von Bet-El scheint in früher Zeit nur dadurch begründet gewesen zu sein, daß sich dort eine Massebe, d.h. ein heiliger *Stein*, befand, in dem nach allgemeinem Glauben ein göttliches Wesen wohnte. Noch Philo von Byblos kennt in der Spätzeit `beseelte Steine´, die er *Baitylia* nennt - ein Ausdruck, in dem das Wort *Bet-El* `Gotteshaus´ nachklingt. Diese alte Vorstellung mag auch in der rituellen Handlung (V 18; vgl. 35,14) nachwirken, die Jakob an dem Stein vollzieht - unabhängig von dem später gewiß anders gedeuteten Sinn der Salbung."[4] "One may further suggest that the numerous occurrences of the noun *eben/aben* (`stone´) in the tradition of Jacob´s foundation of Bethel´s sanctuary (Gen. 28,11.18.22; 35,14) are a play on words of the place name. The original name of the sacred site was probably *Bet-aben* (`House of the Stone Pillar´), derived from the stone pillar that was erected there (Gen. 28,18; 35,14). The slight change of spelling (but not of vocalisation) *Bet-awen* (`House of Wickedness´ or `House of Idolatry´) was a deliberate corruption

---

[4]Schmidt, Glaube, 46.

intended to villify the place and it´s temple."[5] "We may conclude that Bet-*aben* was the specific name of Bethel´s sanctuary at that time and was located east of the town, although it may have been referred to by the town´s name as well, since Bethel (`House of God´) was particularly appropriate. It seems that this old sanctuary included an altar (Gen. 12,3; 13,4; 35,7) and a stone pillar (masseba; Gen. 28, 18; 35,14)."[6] "Nicht erst die Erzväter, schon die Kanaanäer haben ihren Gott El (vgl. 35,7) kaum mehr in einem Stein ... hausend gedacht, sondern verstanden ihn als *Himmelsgottheit*. So wurde der Stein zum Ort, auf dem die Himmels`leiter´ (genauer: eine Treppe oder Rampe) steht. Sie stellt -echt mythisch- die Brücke zwischen der göttlichen und irdischen Welt dar; auf diesem Weg kommen Gottes Boten zur Erde und kehren wieder zum Himmel zurück."[7] "Die Treppe dürfte Abbild des realen Tempels sein, der oft mit einer derart monumentalen Anlage ausgestattet war. Inkubation und Treppe setzen den Tempel aber voraus, das gilt dann auch vom Altar, den Jakob an dieser Stätte Bethel = Haus Gottes errichtet. Offenbar soll die Erzählung von Gen 28 doch erklären, warum an der Stätte Luz = Mandelbaum ein Haus Gottes, also ein Tempel mit Altar, Treppe, Raum für den Tempelschlaf erbaut wurde und dieser Ort dann Bethel, einst Luz, genannt wird. Hier geht es also um die Legitimation von Bethel, einst Luz!"[8] "Die Himmelserscheinung, die (nach Gen 28,10ff) Jakob im Traum hatte und die auf Jahwe gedeutet wurde (V 13.16), war ursprünglich wohl eine Theophanie dieses Ortsgottes von Bet-El."[9] *(Josua 7.2: Ai, östlich von Bethel; 8,9: Lager zwischen Bethel und Ai. 12: Hinterhalt zwischen Bethel und Ai. 17: Auszug aus Ai und Bethel; 12,9: Ai, zur Seite von Bethel. 16: Könige von Jericho, Ai, Makkeda, Bethel; 16,1f.: Grenze des Erbteils der Josephstämme durch die Wüste auf das Gebirge nach Bethel, von Bethel nach Lus; 18,13: Grenze von Benjamins Erbteil nach Lus, das ist Bethel, an den Abhang südwärts von Lus.*

---

[5]Na´aman, Beth-aven, 14.
[6]Na´aman, Bet-aven, 17.
[7]Schmidt, ebd.
[8]Nauerth, Mandelbaum, 35.

22: Bet-Araba, Zemarajim, Bethel;) Immerhin scheint Bethel so bekannt gewesen zu sein, daß es zur Lagebeschreibung der weniger bekannten Stadt Ai verhalf. Dem Text nach liegt es erstens im Gebirge, und zweitens auf der Grenze zwischen den Erbteilgebieten der Stämme Josef und Benjamin. Es tritt beides auf: Differenzierung von Lus und Bethel, und Gleichsetzung[10] beider. Ist dieser Widerspruch nicht lösbar in der Annahme, daß es sich bei Bethel einmal um die Kultstätte bei Lus, ein andermal um die Stadt Bethel, vormals Lus handelt? So könnten im Deutschen die Bezeichnungen Stätte und Stadt zu besserem Verständnis beitragen. *(Richter 1,22f.: Das Haus Josef zieht hinauf nach Bethel und läßt es auskundschaften. Die Stadt hieß vorzeiten Lus; 2,1ff.: Engel in Bochim: Ich habe euch aus Ägypten heraufgeführt;4,5: Die Richterin Debora hat ihren Sitz unter der Palme Deboras zwischen Rama und Bethel auf dem Gebirge Ephraim. Die Israeliten kommen zu ihr hinauf zum Gericht; 20,18: 400000 Mann ziehen hinauf nach Bethel und erfragen von Gott, daß Juda zuerst in den Kampf gegen Benjamin ziehen soll. 31: Die Benjaminiter erschlagen zum drittenmal einige vom Kriegsvolk auf den Straßen, von denen eine nach Bethel und eine nach Gibeon führt; 21,19: Jährliches Fest in Silo, nördlich von Bethel, östlich der Straße von Bethel nach Sichem, südlich von Lebona;)* Der Baum, unter der Rebekkas Amme Debora begraben liegt, sei es nun eine Palme oder eine Eiche, die Klageeiche, dient der gleichnamigen Richterin als Ort des Gerichts über die Israeliten. Generell kommt man hinauf nach Bethel, um Gottes Rat einzuholen, um Gott zu sich sprechen zu lassen. Bethel gilt als Kultstätte par excellence. *(1. Samuel 7,16: Jahr für Jahr zieht Samuel von Rama nach Bethel, Gilgal und Mizpa, um dort zu richten; 10,3: Saul prophezeit Samuel bei der Königssalbung, er werde an der Eiche Tabor drei Männer treffen auf dem Weg zu Gott nach Bethel, drei Böcklein, drei Brote und Wein mit sich tragend; 13,2: Von 3000 israelitischen Kriegern gegen die Philister sind 2000*

[9]Schmidt, Glaube, 39.
[10]Vgl. Kallai, Beth-El-Luz and Beth-Aven, 172.

mit Saul in Michmas und auf dem Gebirge von Bethel und 1000 mit Jonatan zu Gibea;) Auch für Samuel gilt Bethel als Ort des Gerichts, als der erste unter drei genannten. Die Männer, denen er an der Eiche begegnen soll scheinen, dem Gepäck nach zu urteilen, wohl zum Gott nach Bethel zu ziehen, um diesem dort Opfer darzubringen, wie auch Jakob dort schon Trankopfer dargebracht haben soll. *(Esra*[11] *2,28: 223 heimgekehrte Männer von Bethel und Ai; Nehemia 7,32: 123 aus Babel zurückgekehrte Männer von Bethel und Ai; 11,31: Die Söhne Benjamins wohnen in Geba, Michmas, Ajja und Bethel;)* Nun liegt Bethel wieder im Gebiet der Benjaminiter, vielleicht handelt es sich bei den unterschiedlichen Heimkehreranzahlen lediglich um einen Abschreibfehler(?). Facit: Bethel scheint von so großer Bekanntheit und kultischer Wichtigkeit zu sein, daß sein Besitz einen göttlich rechtlichen, richterlichen, priesterlichen und königlichen Machtanspruch zu gewährleisten beansprucht. Läßt der jeweilige Gott (El-Beth-El, EL oder JHWH,) anfangs mit sich reden, so findet er später konkrete menschliche Darstellung durch Richter und Richterinnen, Priester und Könige. Ist es ursprünglich das Gebirge, welches die Vorstellung der Gottesnähe nahelegt, ein Baum, Eiche oder Palme, der das Numinose (Natur-, Gebirgs-, Wetter-, Fruchtbarkeits- oder Vegetationsgottheit, der Gott einer einzelnen Person, von Sippe, Stamm, Volk oder Reich,) verkörpert, ein mit Öl einzureibender, wie einen König zu salbender Stein, auf dem man Trank- und sonstige Opfer darbringt, den man zu Altar, zu Tempel, die Höhe zum Heiligtum bzw. Reichsheiligtum ausbaut, immer schwingt der (Gottes-)Macht-Aspekt mit, um den es sich zu kämpfen lohnt. Wer über Bethel verfügt, (Samarien, Ephraim, Josef, Benjamin, Juda oder Israel) der hat kultische Macht. 1.2. Zu Dan und zur Geschichte des Heiligtums von Dan (im geeinten Reich): *(Genesis 30,6: Bilha gebiert Jakob einen Sohn, Rahel nennt ihn Dan, Gott hat mir "Recht verschafft"; 35,25: Söhne Bilhas, der Magd Rahels: Dan und Naftali; 46,23: Sohn Dans: Schuham; 49,16: Dan wird Richter sein in seinem Volk wie nur irgendein Stamm in Is-*

[11]Wider besseres Wissen füge ich es *hier* an.

rael. 17: Dan wird eine Schlange werden auf dem Wege und eine Otter auf dem Steige und das Pferd in die Fersen beißen, daß sein Reiter zurückfalle;) Im Gegensatz zu Bethel handelt es sich bei Dan auf den ersten Blick nicht um den Namen eines Ortes oder Heiligtums, sondern um eine Person, konkreter um den Sohn von Jakob und Rahel bzw. Bilha, bzw. um den Vater von Schuham. Jakob spricht ihm im Segen einen Vergleich mit Schlange und Otter, und, seinem Namen entsprechend, das Richter-Sein zu. *(Exodus 1,4: Dan, Naftali, Gad, Asser; 31,6: Oholiab, Sohn Ahisamachs, vom Stamme Dan, ein Kunsthandwerker; 35,34: Unterweisungsgabe des Oholiab vom Stamme Dan; 38,23: Oholiab vom Stamme Dan, ein Schmied, Schnitzer, Kunstweber, Buntwirker in blauem und rotem Purpur, Scharlach und feiner Leinwand; Leviticus 24,11: Sohn eines Ägypters und der Schelomit, Tochter Dibris vom Stamm Dan, flucht und lästert den Namen des hvhy;)* Als Sohn Jakobs wird Dan scheinbar auch unter die Stämme Israels gerechnet, zu dem auch die Gilde der Kunsthandwerker zählt. *(Numeri 1,12: Ahieser, Sohn Ammischaddais, von Dan. 38f.: 62700 wehrfähige Männer von Dan; 2,25f: Das Banner des Lagers Dan im Norden, Fürst Ahieser und 62700 Mann. 31: Das Lager Dan soll das letzte sein beim Auszug, insgesamt 157600 Mann; 7,66: Ahieser, Fürst Dans am zehnten Tag der Stiftshütteneinweihung; 10,25: als letztes aller Lager bricht das Banner des Lagers der Söhne Dans auf; 13,12: Kundschafter Ammiel, Sohn Gemallis, vom Stamme Dan; 26,42: Söhne Dans: Schuham, daher das Geschlecht der Schuhamiter; 34,22: Bukki, Sohn Joglis, Fürst des Stammes der Söhne Dan, zur Landausteilung;)* Auffällig ist die wiederholte Rede von den Söhnen und Geschlechtern Dans (pl.), obwohl jedesmal nur Schuham namentlich erwähnt wird. *(Deuteronomium 27,13: Fluch auf dem Berg Ebal über Ruben, Gad, Asser, Sebulon, Dan und Naftali; 33,22: Mosesegen: Dan ist ein junger Löwe, der hervorspringt aus Baschan;)* Hier wird erneut ein verschlüsselter Segensspruch über Dan, in einem erneuten, mythopoetischer Tierbild-Vergleich angesetzt. *(Josua 19,40: Das siebte Los fällt auf den Stamm Dan. 47f.: Dan verliert sein Gebiet, zieht kämpfend gegen Leschem, erobert es, schlägt es mit der Schärfe seines Schwertes, nimmt es ein, wohnt darin, nennt es Dan nach seines Vaters Namen. Erbteil des Stammes Dan; 21,5: Zehn Stämme von den Geschlechtern Ephraim, Dan und Halb-Manasse werden den übrigen Söhnen Kehat durchs Los zugeteilt. 23f.: vier Städte vom Stamm Dan: Elteke, Gibbeton, Aialon,Gat-Rimmon und seine Weideplätze;)* Zum ersten Mal taucht Dan nicht ausschließlich als Personen-, bzw. Stammesname auf, sondern dient auch zur Bezeichnung der eroberten Stadt Leschem, die dem Stamm als Erbteil(-Ersatz) und Wohnsitz gilt, nachdem er sein voriges Gebiet verloren hat. *(Richter 1,34: Die Amoriter drängen die Daniter aufs Gebirge und lassen das Herunterkommen in die Ebene nicht zu; 5,17: Deboras Siegeslied: Warum dient Dan auf fremden Schiffen?; 13,2: Manoach, Mann in Zora von einem Geschlecht der Daniter, Vater Simsons; 18,1f.: Zu der Zeit war kein König in Israel. Daniter suchen ein Erbteil, wo sie wohnen können, senden 5 Kundschafter aus Zora und Eschtaol. 11f.: 600 mit Waffen gerüstete Daniter ziehen zum Kampf aus, lagern bei Kirjat-Jearim, Lager-Dans. 16: 600 zum Krieg gerüstete Männer vor Michas Tor. 22: Micha und Männer jagen den Danitern nach. 25f.: Daniter drohen, als zornige Leute Michas Leben wegzuraffen und gehen ihres Weges. 29f.: Die Daniter nennen die eroberte Stadt Dan, vorher hieß sie Lajisch. Sie richteten Michas Schnitzbild auf und Jonatan, Sohn Gerschoms, Sohn Moses bzw. Manasses wird Priester der Daniten bis zum Tag der Wegführung; 1. Samuel 20,18: Man frage doch nach in Abel und in Dan, so geht es gut aus.)* Nach dieser Erzählung hieß die eroberte Stadt nicht Leschem, sondern Lajisch, wird nach dem Vatersnamen Dan genannt und mit geraubtem Schnitzbild und Priester versehen. "Es ist wahrscheinlich, daß das von den Daniten eingerichtete Heiligtum in Dan nach nicht langer Zeit Bedeutung weit über die Stadt hinaus gewonnen hat. Dazu dürfte zweifellos die Priesterschaft mit ihrer Beziehung zu Mose entscheidend beigetragen haben. In 2. Sam 20,18f. (LXX) wird ausdrücklich auf das Alter einer (auch) in Dan beheimateten besonderen Tradition hingewiesen, wahrscheinlich einer Orakeltradition, die sicherlich mit dem Heiligtum verbunden war. Daß Jerobeam I. mit seinem nördlichen Reichsheiligtum in Dan nur zu gern an die Tradition des bereits berühmten älteren Daniten-Heiligtums anknüpfte, versteht sich von selbst."[12] "Seit der Richterzeit galt D.[an] als die nördlichste Stadt des Landes Israel, dessen Nord-Süd-Ausdehnung mit dem geflügelten Wort `Von Dan nach Beerscheba´ umschrieben wird (Ri 20,1u.ö.)."[13] *(Hesekiel*[14] *48,1f.: Dans Anteil soll sein: vom nördlichen Meer, Richtung Hetlon, nach Hamat und Hazar-Enan, so daß Damaskus nördlich liegen bleibt. Neben Dan soll Asser seinen Anteil haben von Ost nach West. 32: Drei Stadttore an der 4500 Ellen-Ostseite: Tor Josefs, Benjamins und Dans;)* Als Stamm Israels soll auch Dan seinen Anteil am Erbbesitz erhalten und ein Osttor der Gottesstadt. Facit: Da die meisten biblischen Erwähnungen Dans sich darauf beschränken, Dan innerhalb der übrigen Stämme zu erwähnen, irgendwelche Personen als Angehörige seines Stammes zu kennzeichnen, reduziert sich die für das Thema brauchbare Angabe auf die Geschichte von Michas Heiligtum, worin Dan in den Ruf des Götzendienstes gerät und, abgesehen von der wahrscheinlichen Mose- bzw. Manasse-Abstammung des Priesters, gegen alle deuteronomistischen Kultreinheitsgebote verstößt. Auch in einer Art Zusammenschau der beiden Heiligtümer schneidet Bethel eindeutig besser ab: in Bethel wird das ursprüngliche Heiligtum auf die Erzväter zurückgeführt, auf Abrams Altar bei Bethel, bzw. auf Jakobs gesalbten Stein (Massebe, Baitylos) in Bethel, der als Opferaltar Jakobs, bzw. Israels dient und zum Tempel ausgebaut wird, in Dan geht das Heiligtum auf den Diebstahl des geschnitzten und gegossenen Götzenbildes aus Michas Haustempel incl. des Leviten-Priesters zurück. Die Namensbedeutung Bethels, (latyb = Haus Gottes bzw. Tempel des Gottes EL), scheint nach Jakobs Gottesoffenbarung angemessen, diejenige Dans, (Nd = Recht verschaffen), nach Kenntnis des aus mehreren Diebstählen hervorgegangenen Heiligtums, wie Hohn und Spott.

---

[12]Vgl. Niemann, Daniten, 210.
[13]Hennig, Bibellexikon, 165.
[14]Wider besseres Wissen füge ich es *hier* an.

Die Stadteroberung Bethels, des ehemaligen Lus (zvl = Mandel/ Mandelbaum), am Südrand des späteren Nordreiches, erfolgt durch die Stämme der Josephsöhne Ephraim und Manasse, bzw. durch Benjamin, diejenige Dans, des ehemaligen Lajisch (Wwyl = Löwe), bzw. Leschem (Mwl = gelber Edelstein), am Nordrand Israels, durch den Stamm des Bilhasohnes Dan, somit steht Bethel wiederum näher an den Erzvätern als Dan. 1.3. Die Heiligtümer von Bethel und Dan (im geteilten Reich): "Jerobeam wählte die Standorte seiner Heiligtümer mit beachtlichem Geschick. Das eine installierte er in dem ohnehin seit grauer Vorzeit heiligen Bethel (*Betin*), das überdies den Vorzug hatte, an der Straße nach Jerusalem zu liegen. Vom Norden kommende Pilger konnten hier leicht `abgefangen´ und mit mehr oder weniger Nachhilfe zum Bleiben bewogen werden. Das zweite Reichsheiligtum kam in den hohen Norden nach Dan (*Tell el-Qadi*), über dessen religiöse Vorgeschichte so gut wie nichts bekannt ist und das einen Vergleich mit Bethel wohl kaum aushalten konnte. Vielleicht hoffte Jerobeam, daß die Bewohner des galiläischen Nordens die Existenz des Reichsheiligtums zu Dan zum Anlaß nehmen würden, gar nicht erst nach dem süden aufzubrechen."[15] "Die Erhebung der beiden Heiligtümer Dan und Bethel zu Reichsheiligtümern erklärt sich nach wie vor am besten aus dem auffälligen Umstand, daß mit Dan und Bethel in etwa die nördlichen und südlichen Grenzpunkte des Nordreichterritoriums beschrieben werden. Hinter der Entscheidung Jerobeams, gerade diese beiden Heiligtümer für den Reichskult in den Dienst zu nehmen, dürfte demnach die Konzeption einer Art *heiliger Geographie* stehen, der daran gelegen war, den Herrschaftsbereich des Staatsgottes und seines königlichen Repräsentanten auch in kultischer Hinsicht zur Geltung zu bringen."[16] "Jerobeam scheint ... die Pilgerfahrten vom Norden nach dem Süden ... zu unterbinden. So errichtete er denn auf dem Territorium seines Staates zwei Reichsheiligtümer für Jahwe, sozusagen nach dem Muster des davidischen

---

[15]Donner, Geschichte, 270f.
[16]Pfeiffer, Heiligtum, 29f.

Reichstempels in Jerusalem. Der Bericht darüber ... ist nun allerdings deutlich dtr gestaltet und schildert die Gründe und Ergebnisse der Religionspolitik des Königs ... im Lichte späterer dtr Theorie."[17] Demnach bringt Jerobeam die Kultstätte Bethel mit seinen goldenen Kälbern in den Verruf des Götzendienstes. "The old sanctuary of Bethel was replaced by Jerobeam´s sanctuary (*bet bamot* in deuteronomistic terminology), and the site became a cultic centre for the Northern kingdom."[18] *(1.Könige 12,28f.: Jerobeam macht zwei goldene Kälber, spricht zum Volk:"Es ist zuviel für euch, daß ihr hinauf nach Jerusalem geht; siehe, das ist dein Gott, Israel, der dich aus Ägyptenland geführt hat", stellt eins in Bethel, das andere in Dan auf; 30: Das gerät zur Sünde, denn das Volk geht hin vor das eine in Bethel und vor das andre in Dan. 31f.: Jerobeam baut in Bethel ein Höhenheiligtum, bestellt Höhen-Priester aus Nicht-Levi-Söhnen, macht ein Fest wie in Juda am 15. Tag des 8. Monats, opfert auf dem Altar und den Kälbern in Bethel. 33: Jerobeam steigt auf den Betheler Altar, um zu opfern; 13,1: Ein Mann Gottes aus Juda kommt nach Bethel, während Jerobeam noch auf dem Altar steht. 3: Siehe, der Altar wird bersten, und die Asche darauf verschüttet werden. 4f.: Worte gegen den Betheler Altar. Die ausgestreckte Hand Jerobeams verdorrt, der Altar birst. 10: Der Prophet geht nicht den Weg, den er nach Bethel gekommen war. 11: Einem alten Propheten in Bethel erzählen dessen Söhne von den Worten und Taten des Gottesmannes. 32: Was er gegen den Betheler Altar und die Höhenheiligtümer Samariens rief, wird sich erfüllen; 16,34: Hiel von Bethel baut Jericho wieder auf;)* Bethel wird durch Jerobeam mit einem (sg) goldenen Kalb, einem Höhenheiligtum, Priestern, und einem eigenen Festtag versehen, an dem der König selbst auf den Altar steigt, um den Kälbern zu opfern. Auch der Stadtkult Dans wird aufgerüstet mit einem (sg) der goldenen Kälber Jerobeams. "Die von Jerobeam I. nach 1.Kön 12,28 im Norden und Süden seines Reiches errichteten goldenen Stierbilder sind - in Ana-

[17]Donner, Geschichte, 270.
[18]Na´aman, Beth-aven, 19.

logie zur Lade, auf der Gott unsichtbar gegenwärtig ist - am ehesten als Postamente zu verstehen. Die Tiere sind kaum Darstellungen, sondern Träger der Gottheit."[19] "Man hat an Götterstandarten gedacht, d.h. an Stangen befestigte Stiersymbole oder an tiergestaltige Postamente für den unsichtbar darauf stehend gedachten Jahwe oder an regelrechte Götterbilder, d.h. Darstellungen Jahwes, der von Hause aus den Typus des Wettergottes (Hadad-Typus) repräsentierte und durchaus als Stier erscheinen konnte."[20] "Der Stier als Symbol einer numinosen Macht ist bereits für das Neolithikum bezeugt. Bis in das 3. Jt. v. Chr. scheint er den Typos einer eigenständigen, das kosmische Prinzip der Virilität und Fruchtbarkeit spendenden Gottheit zu repräsentieren. Spätestens im 2. Jt. wird diese Gottheit vom Wettergott verdrängt. ... Als Folge der Übelagerung von Wettergott- und Vegetationsgott-Konzeptionen tritt der wettergott in eine enge Beziehung zu den Chtonischen Mächten ... ."[21] "Folgt man dem alles in allem mageren Textbefund zu den Stierbildern in Dan und Bethel, so läßt sich dieser am ehesten mit der Vorstellung einer goldüberzogenen Stierplastik ohne anthropomorph dargestellter Gottheit vermitteln. ... Jahwe teilt sich der Kultgemeinde als hinter den Stierbildern stehende transzendente Wirklichkeit durch das Bild mit. ... Mit dem Stier hat Jahwe sein kongeniales Präsenzsymbol gefunden. Durch ihn erscheint er als Gott, der nicht nur in den kosmischen Phänomenen von Sturm und Gewitter erfahrbar wird, sondern auch als Herr von Staat, König und Land."[22] Goldene Kälber fungieren als Götter Israels, Nichtleviten als Priester, Opferung den Kälbern und ein im Herzen ausgedachter Festtag geraten zur Sünde. Jerobeam "besetzte diese Heiligtümer mit Priestern aus dem Volk, die keine Leviten waren, verletzte also das damals bereits ausgebildete oder doch in Ausbildung begriffene priesterliche Privileg des Stammes Levi - es sei denn, es handelte sich um die Theorie eines Späteren, der

---

[19]Schmidt, Glaube, 121.
[20]Donner, Geschichte, 271.
[21]Pfeiffer, Heiligtum, 56f.
[22]Pfeiffer, Heiligtum, 40ff.

dem `sündigen´ Jerobeam auch noch die Nichtachtung des historisch noch gar nicht vorhandenen Levitenprivilegs anlasten wollte."[23] "Die dtr. Geschichtsschreibung führt den Staatskult des Nordreiches in 1Kön 12,26-33 auf eine kultpolitische Maßnahme Jerobeams I. zurück. Diesem `Bericht´ zufolge hätte Jerobeam, gleichermaßen das Kultzentralisationsgesetz, das Bilderverbot und den gültigen Festkalender mißachtend, in Opposition zu Jerusalem einen neuen Reichskult in Bethel und Dan eingeführt."[24] Zum ersten Mal tauchen kultkritische Erzählmomente auf. Ein judäischer Gottesmann kommt auf das Wort des Herrn hin, um dem israelitischen König die Strafe anzukündigen. "Aber nicht die Jakob-Bethel-Tradition war es, die Jerobeam zur tragenden Kulttheologie des offiziellen Staatskultes erhob, sondern die Tradition von der Heraufführung Israels aus Ägypten (1Kön 12,28b)."[25] "Der Betheler Jungstier gilt nach der in 1Kön 12,28 zitierten Kultformel als der Repräsentant des Gottes, der Israel von Ägypten heraufgeführt hat. `Heraufführung von Ägypten´ heißt: Zuspruch des Landes, Sicherung des Königtums und damit (Fort-) Bestand der politischen Größe Israel. Indem die Priester den Jungstier `umjubeln´, beanspruchen sie, das heilsgeschichtliche Urdatum Israels - die Heraufführung aus Ägypten - nicht nur zu vergegenwärtigen, sondern es vor allem zu *reproduzieren*. Die über das Stierbild als Präsenzsymbol vermittelte kultische Begegnung mit dem Exodusgott soll Israel letztlich in gleicher Weise unangreifbar machen, wie sein südlicher Nachbar dank des Kerubenthroners auf dem Zion war."[26] "Als sicher darf allerdings gelten, daß Jerobeam die Gründung einer Dynastie anstrebte. ... Bedenkt man, daß das Hirtenamt im Alten Orient prinzipiell sakraler Natur war, so darf für Israel wie für die anderen orientalischen Königtümer inclusive Juda trotz des Fehlens positiver Hinweise mit einer sakralen Königsinvestitur als kultischem Ausdruck für das Exklusivverhältnis zwischen Reichsgott und Dynastie ge-

[23]Donner, Geschichte, 272.
[24]Pfeiffer, Heiligtum, 18.
[25]Pfeiffer, Heiligtum, 30.
[26]Pfeiffer, Heiligtum, 124f.

rechnet werden. Als Ort solchen Vorganges kommen dann aber nur die Reichsheiligtümer von Dan und Bethel in Frage."[27] "...Bethel traditions are seen positively as long as they are connected to the premonarchial period. The evaluation is completely negative, however, when it is tied to the period after the cultic reforms of Jerobeam I which also emphasized the religious-political dimension. According to 1 Kings 12, Jerobeam emphasized that the new cultic centres in Bethel and Dan were dedicated to the Lord, who had provided for his people and brought them out of Egypt (1Kgs 12,28). The connections between this religious-political view and Yahweh war are not difficult to discern."[28] "Der radikalste Lösungsvorschlag sieht in der Erwähnung des Daner Stierbildes lediglich ein mißverständnis von 1Kön 12,29f. resp. eine polemische Überhöhung seitens der Dtr. ohne Anhalt in der historischen Wirklichkeit. Zur Begründung dieser These wird auf das Schweigen der atl. Überlieferung über einen Staatskult in Dan hingewiesen, während umgekehrt für Bethel durch Am 7,13 der Status eines Reichsheiligtums noch außerhalb von 1Kön 12 bezeugt ist (...)[29]." *(2. Könige 2,2f.: Elia erzählt Elisa, von hvhy nach Bethel gesandt worden zu sein, beide gehen "hinab" nach Bethel und Elisa erfährt,daß Elia am selben Tag zu hvhy genommen werden soll. 23: Elisa geht "hinauf nach Bethel, auf dem Weg "hinan" wird er von kleinen Knaben verspottet; 10,28f.: Jehu vertilgt den lib aus Israel, läßt aber nicht ab von den goldenen Kälbern in Bethel und Dan, den Sünden Jerobeams; 17,28: Ein von Samarien weggeführter Priester kommt nach Bethel, um dort Gottesfurcht zu lehren;* Ganz eindeutig sind hier die goldenen Kälber als die Sünden Jerobeams ausgewiesen, und verglichen mit Baalsdienst, Aschera- und Sternenkult, als Götzendienst gekennzeichnet. Mit Bethel ist es so weit gekommen, daß extra ein Priester eingeführt werden muß, um den Israeliten nahezubringen, wie JHWH zu fürchten sei. *(1. Chronik 2,2: Söhne Israels: Dan, Josef, Benjamin, Naftali, Gad, Asser; 7,28: Ephraims Besitz und Wohnung*

[27]Pfeiffer, Heiligtum, 27.
[28]Laato, History, 287.
[29]Pfeiffer, Heiligtum, 28.

war Bethel und seine Ortschaften, gegen Osten Naara, gegen Westen Geser, Sichem bis nach Aja;12,36: 28600 zum Kampf gerüstete Daniter; 27,22: Asarel, Sohn Jerohams, Führer der danitischen Heeresabteilung; 2.Chronik 2,13: Hiram, Sohn eines Tyrers und einer Daniterin, versteht zu arbeiten mit Gold, Silber, Kupfer, Eisen, Steinen, Holz, rotem und blauem Purpur, feiner Leinwand und Scharlach, Bilderwerk zu schnitzen und alles kunstreich zu machen; 13,19f.: Abija gewinnt Jerobeam Bethel, Jeschana, Efron und weitere Ortschaften ab, so daß Jerobeam keine Macht mehr hat, vom hvhy geschlagen wird und stirbt;) Wieder einmal wird auf die Kunstfertigkeit der Daniten verwiesen, insbesondere auf die Fähigkeit (Götzen-)Bilderwerk (?) zu schnitzen. Ob vorher nur im Grenzgebiet zwischen Josef und Benjamin, oder im Besitz einer der beiden Stämme, wird Bethel hier als zu Ephraim gehörig veranschlagt. Obwohl Jerobeams Heer doppelt so groß ist wie das Abijas, des Königs von Juda, wird Israel besiegt und Bethel fällt an Juda. Ende des Kultes, Ende der Macht. 1.4. Die Kultkritik an den Heiligtümern von Bethel und Dan (vor dem Ende des Nordreiches Israel): Die Propheten Hosea und Amos üben im 8. Jh. deutliche Kritik am Betheler Kult. Sie sagen den Untergang des Heiligtums und Israels voraus.[30] Die Kritik der Propheten richtet sich hauptsächlich darauf, daß durch das Stierbild des jeweiligen Heiligtums Einfluß auf die Zukunft genommen werden sollte.[31] Vor allem die Kritik Hoseas richtet sich gezielt gegen das Stierbild von Bethel bzw. Bet-Awen.[32] "Beth-el, the town and sanctuary comprehensively, is at times vilified by the term \`Aven´ and named \`Beth-aven´, in prophetic discourses only."[33] *(Hosea 4,15: Willst du, Israel, schon huren, so soll Juda sich nicht auch verschulden! Geht nicht hin nach Gilgal und kommt nicht hinauf nach Bet-Awen (Nva tyb) und schwört nicht: So wahr hvhy lebt! 5,8: Blast die Posaune zu Gibea, ja, kommt zu Rama, ja, ruft laut zu Bet-Awen (Nva tyb): Man ist hinter dir her, Benjamin!*

[30]Gegen Bethel: Am 3,9-15; Hos 10,15; gegen Dan: 8,14 .
[31]Vgl. Pfeiffer, Heiligtum, 226f.
[32]Die Polemik wird besonders deutlich dadurch, daß Hosea die Bezeichnung Stier (ryba) durch die Verkleinerung Kalb (lgi) ersetzt.
[33]Kallai, Beth-El-Luz, 172.

8,5f.: Verwerfung des samarischen Kalbes (Klgi), vom Goldschmied gemacht, soll es zerpulvert werden; 10,5f.: Samaria sorgt sich um das Kalb zu Bet-Awen (Nva tyb tvlgil), es soll nach Assyrien gebracht werden zum Geschenk für den König Jareb; 10,15: Den Bethelern soll, um ihrer großen Bosheit willen, der israelitische König schon früh morgens untergehen; 12,5: Jakob/Israel besiegte den Engel im Kampf, weinte, bat ihn, fand ihn in Bethel und redete dort mit ihm;13,2: sie sündigen weiter: gießen Bilder und Götzen aus Silber, küssen Kälber (Mylgi) opfern Menschen;) "Das Volk muß in die Verbannung \`weg´ von ihm (sc. dem Stierbild)´. Der Ausdruck hlg vnmm signalisiert somit die genaue Umkehrung dessen, was die kultische Exodusformel versprach. Statt Heraufführung: Verbannung - statt die im Präsenzsymbol verbürgte Gottesnähe: Bild- und Gottesferne (\`weg von ihm´). Damit hat sich die vom Propheten angekündigte Unwirksamkeit des Kultes nicht nur bestätigt. Sie ist von der Wirklichkeit noch übertroffen worden. Statt des Stierbildes (V6a) mußte das Volk selbst den Weg ins Exil antreten."[34] Hier wird heftig in den Pniel/Pnuel-Bethel-Geschichten herumgedeutet und verglichen: der Jabbokkampfengel sei derselbe wie der Bethelerscheinungsengel, das Verhalten des urbildlichen Jakobstammvaters sei abbildlich äquivalent dem Verhalten seines gleichnamigen Volkes Israel, ja, vielleicht sei sogar die Dreistigkeit im Anspruch von Kampf und Sieg gegen und über einen Engel Gottes vergleichbar mit dem israelitischen Anspruch auf Königtum und autarke Heiligtümer, und letztlich das Hinken Jakobs mit dem angekündigten königlichen Untergang(?). *(Amos 3,14: Heimsuchung der Sünden Israel, der Altäre in Bethel, Abbruch der Hörner des Altars, Fall der Hörner zu Boden; 4,4: Treibt Sünde in Bethel und sündigt noch mehr in Gilgal; 5,5f.: Sucht nicht Bethel, Gilgal oder Beerscheba, sondern hvhy, daß er nicht über das Haus Josef fährt wie ein verzehrendes Feuer, das niemand löschen kann zu Bethel. Gilgal wird gefangen weggeführt und Bethel wird zunichte; 7,10f.: Der Betheler Priester Amazja sagt Jerobeam, daß Amos Aufruhr mache, und das Volk seine Worte*

[34]Pfeiffer, Heiligtum, 73.

nicht ertrage, die besagen, daß Jerobeam durchs Schwert stürbe und Israel gefangen weggeführt würde. 8,14: Die jetzt schwören bei dem Abgott Samarias: So wahr dein Gott lebt, Dan und Beerscheba. Sie sollen fallen und nicht wieder aufstehen können; 13: Weissage nicht mehr in Bethel. Es ist das Heiligtum des Königs und der Tempel des Königreiches;) Amos charakterisiert den Gott Dans als Abgott, und die Anbetenden als zu fallende Götzendiener. "In 5,18-20, Amos criticizes the congregation of Bethel for its longing for the `Day of the Lord.´... Another expectation against which Amos levels his critical voice is one of the platitudes used by the Bethel congregation: `The Lord is with us´ (Amos 5,14-15)."[35] "In light of content of the Book of Amos and the likelihood that it present form corm comes to us from exilic or postexilic times, it appears possible that the book may have served as areligious-ideological weapon against those who favoured Bethel over Jerusalem as a cultic site. ... The Old Testament stresses an anti-Bethel position in trditions tied to King Josiah (1Kings 13; 2Kings 23 and probably 2Kings 17 as well). According to 2Kings 17, Bethel´s cult had assimilated Mesopotamian features which is perhaps reflected in Amos 5,26 (...) and in Amos 8,14 (...). It is therefore possible that the anti-Bethel tradition of the Book of Amos is in some way connected to the time of Josiah."[36] Wieder werden die Sünden Israels parallelisiert mit den Altären (pl.!) in Bethel, die Stier und Macht symbolisierenden Hörner sollen zerbrochen werden, wie der König selbst mit seinem gesamten Königreich. Eine letzte Chance wird eingeräumt: um zu leben den Herrn zu suchen, daß er nicht unlöschbar feurig verzehre, doch indem der Warner selbst des Landes verwiesen wird mitsamt warnendem Gotteswort, wird die letzte Chance vertan. Amazja bekräftigt noch einmal, voller Selbstgerechtigkeit, den Betheler Status, es handele sich um Tempel und Heiligtum des Königsund nicht des Herrn, und beweist damit die Notwendigkeit der zu erfüllenden prophezeiten Vernichtung. "... Amaziah, the priest of Bethel, cha-

[35]Laato, History, 287.
[36]Laato, History, 290ff.

racterizes the temple in Bethel as `a royal sanctuary, the temple of the kingdom.´ This indicates that the cult in Bethel was closely tied to a political ideology which apparently provided the basis for belief in the well-being of the kingdom."[37] *(Jeremia*[38] *48,13: Moab soll über dem wvmk zuschanden werden, gleichwie das Haus Israel über la tyb, worauf sie sich verließen;)* Diese Gleichsetzung von Moab und Israel, sowie von Kemosch und Bethel, legt erneut die Frage nah, ob es sich bei "Bethel" nicht doch um einen "Gott an sich" handeln könnte. 1.5. Die Zerstörung der Heiligtümer (nach dem Ende des Nordreiches): *23,4: Josia gebietet den Priestern und Schwellenhütern, alle Geräte des lib der hrwa, des Mymwh abx aus dem Tempel hinauszutun, sie im Tal Kidron vor Jerusalem zu verbrennen und ihre Asche nach Bethel zu bringen. 15: Josia bricht die Höhe Jerobeams ab, zerschlägt die Steine des Betheler Altars, macht sie zu Staub und verbrennt das Bild der hrwa. 17: Josia entdeckt das Grab des Mannes Gottes aus Juda, der am Betheler Altar ausrief, was Josia tun würde. 19: Josia entfernt alle Höhenheiligtümer in Samariens Städten und tut mit ihnen, ganz wie mit Bethel;)* Besonders bezeichnend für die Abgefallenheit Bethels ist, daß die Asche aller verbrannten Götzendienstgeräte nach Bethel, an den ohnehin schon verunreinigten Ort, gebracht wird. In Hinsicht auf die Abschaffung des Götzenkultes, der Vernichtung der Höhenheiligtümer Samariens, hat Bethel eine Art Vorreiterstatus inne, anhand dessen Vorbild die nachfolgenden Kultstätten zu Staub und Asche geraten. Der prophezeite Zerstörerkönig Josia entdeckt das Grab des ihn vorangekündigten Propheten, womit der eigentlich gespannte Erzählbogen sein entspannendes Ende findet: Die Sünden des Nordreichkönigs Jerobeams, des Sohnes Nebats, der Israel sündigen machte, indem er sie zum Götzendienst verführte, werden durch den Südreichpropheten (Amos?) als solche, dem Untergang durch Josia geweihte, gekennzeichnet, und das durch diesen Propheten geschehene Wort JHWHs findet seine tatsächliche

[37]Laato, History, 286.
[38]Wider besseres Wissen füge ich es *hier* an.

Erfüllung in der josianischen Kultreform. "Nach [2.Kön] 23,15 zerstörte und profanierte Josia das alte, dereinst von Jerobeam I. errichtete Reichsheiligtum von Bethel (*Betin*). Er griff also über das Territorium von Jerusalem und Juda hinaus und in das Gebet der assyrischen Provinz *Samerina* hinein. ... Schließlich ging er sogar dazu über, die `Höhenheiligtümer´ (*batte habbamot*) in den Städten der Provinz *Samerina* zu beseitigen und deren Priesterschaft (*kohanim*) auszurotten."[39]

2. Die Heiligtümer von Bethel und Dan. Zur theologischen Bedeutung für Israel (nach dtr. Deutung):

2.1. Die Sünden Jerobeams I. als Grund für die Verwerfung Israels: Mit der Erhebung Bethels zum Reichsheiligtum knüpft Jerobeam I. an alte Traditionen an. Einerseits ist Bethel schon seit der Zeit Abrahams und Jakobs eine Kultstätte, andererseits verknüpft er die Exodustradition mit dem Betheler Stierbild als Heraufführungssymbol aus Ägypten, in Abgrenzung zum Südreich Juda, das die Herausführung aus Ägypten mit der Bundeslade verbindet. Das Betheler Heiligtum greift auf die alte Exodustradition mit dem Stierbild als Postament für JHWH zurück.[40] Gleichzeitig fließen in den Betheler Kult Züge kanaanäischer Fruchtbarkeitsriten ein, aber auch Elemente des Apiskultes aus Ägypten[41], der Tradition des vermutlich mit der hethitischen Reichs-Wetter-Konzeption verbundenen Baalsamem[42] und des Wettergottes Hadad können durch die Stiersymbolik in den JHWHkult eingeflossen sein. "Daß Israel seit seiner Staatsgründung unter Jerobeam wegen dessen `Abfall´ von Jahwe, wie er im Kult an den Reichsheiligtümern von Bethel und Dan seinen Ausdruck fand, unweigerlich auf sein Ende zusteuern mußte, wird dem Leser des deuteronomistischen Geschichtswerkes bereits bei der Lektüre des Abschnittes über die Einsetzung des Reichskultes 1Kön 12,28-33

[39]Donner, Geschichte, 379.
[40]Vgl. Albertz, Religionsgeschichte, 223f.
[41]Vgl. Hennig, Bibellexikon, 299f.
[42]Vgl. Pfeiffer, Heiligtum, 55.

(vgl. 1Kön 13,33f.; 14,9) suggeriert. Fortan erscheint die gesamte Geschichte des Nordreiches nach dtr. Sichtweise als durch die `Sünde Jerobeams´ infiziert (vgl. 1Kön 15,26.30.34; 16,2.19.26.31; 22,53; 2Kön 3,3; 10,29.31; 13,2.6; 14,24; 15,9.18.24.28). Erst dem Kultreformer Josia komme das Verdienst zu, den abgöttischen Betheler Kult mit Stumpf und Stiel ausgerottet zu haben (2Kön 23,15-20; vgl. 1Kön 13,2). In Ex 32 (vgl. Dtn 9,7-29; Neh 9,18; Ps 106,19) wird der Sündenfall Jerobeams in die Ursprungsgeschichte des Gottesvolkes verlegt, um den Staatskult des Nordreiches als die Ursünde Israels schlechthin zu qualifizieren."[43] Beinahe formelhaft steht in den Königsbüchern von den Sünden (tvaec) Jerobeams geschrieben, der sündigte (aec) und der Israel sündigen machte (ayech) und es zur Abgötterei verführte. Durchgehend vom Jahr der Reichsteilung (926 v. Chr.) bis zum Untergangsjahr des Nordreiches Israel (722 v. Chr.) finden sich Nordreichkönige, die auf den sündigen Wegen Jerobeams I. (926-907), wandeln, die JHWH mißfallen und ihn erzürnen: Bascha (906-883), Simri (882), Omri (882-871), Ahab (871-852), Ahasja (852-851), Joram (851-845), Jehu (845-818), Joahas (818-802), Joasch (802-787), Jerobeam II. (787-747), Secharja (747), Menahem (747-738), Pekachja (737-736), Pekach (735-732) und ganz Israel. *(1. Könige 14,16: Er (hvhy) wird Israel dahingeben um der Sünden Jerobeams (Mibry tvaec) willen, der da gesündigt hat (aec) und Israel sündigen gemacht hat (larwyjta ayech). Ebenso in 15,29f.; 16,2f.26.: Abgötterei (Mhylbhb); 21,22; 22,53; 2. Könige 3,3; 10,29: Aber von den Sünden Jerobeams (Mibry yaec), des Sohnes Nebats, der Israel sündigen machte (larwyjta ayech), ließ er nicht ab, von den goldenen Kälbern in Bethel und in Dan; 10,31; 13,2.6: Auch blieb das Bild der Aschera (hrwah) zu Samaria (Nvrmwb) stehen; 13,11; 14,24; 15,9.18.24.28; 17,21ff.: Denn hvhy riß Israel vom Hause Davids los, und sie machten zum König Jerobeam, den Sohn Nebats. Der wandte Israel ab von hvhy und machte, daß sie schwer sündigten (haec Mayech). So wandelte Israel in allen Sünden Jerobeams (Mibry tvaecjlkb), die er getan hatte,*

[43]Vgl. Pfeiffer, Heiligtum, 1.

und sie ließen nicht davon ab, bis hvhy Israel von seinem Angesicht wegtat, wie er geredet hatte durch alle seine Knechte, die Propheten. So wurde Israel aus seinem Lande weggeführt nach Assyrien bis auf diesen Tag.) Ganz eindeutig werden die goldenen Kälber in Bethel und in Dan zu den Sünden Jerobeams, des Sohnes Nebats, der Israel sündigen machte, gerechnet. Die Sünden der Israeliten werden in 2.Könige 17,7-23 noch ausführlicher aufgeführt und dienen als Begründung für die Verwerfung Israels: Die Israeliten sündigen gegen ihren Gott, wandeln nach der Satzung der Heiden, bauen sich Höhen, richten Steinmale und Ascherabilder auf hohen Hügeln und unter grünen Bäumen auf, opfern auf den Höhen, dienen den Götzen, wandeln ihren nichtigen Götzen nach, treiben Nichtiges, lassen Söhne und Töchter durchs Feuer gehen, treiben Wahrsagerei und Zauberei, verkaufen sich, um JHWH zu erzürnen, sie wandeln in allen Sünden Jerobeams, der sie von JHWH abwendet und sie sündigen macht und sie lassen nicht von den Sünden ab. In der dtr Geschichtssicht spiegelt sich ein Tun-Ergehens-Zusammenhang wie-der, der den Untergang des Nordreichs und die assyrische Gefangenschaft auf den Götzendienst Jerobeams und seiner Nachfolger und die hierdurch veranlaßte Verführung Israels zum Götzendienst zurückführt (2. Könige 17,23). Ebenso paßt in dieses Schema, daß Jerobeam und seine gesamte Sippe von dem Ursurpator Bascha erschlagen wird (1. Könige 15,29f.). 2.2. Anknüpfung an das Deuteronomium und Abschaffung des Götzendienstes durch Josia: Im Gegensatz zu den ehemaligen Nordreichkönigen, die taten, was JHWH mißfiel und die auf den Wegen Jerobeams I., des ersten Nordreichkönigs, wandeln, wandelt Josia auf dem Wege des Königs David, ohne davon zur Rechten oder Linken abzuweichen und gefällt JHWH (vgl. 2.Kön 22,2 bzw. 2.Chr 34,2), bekehrt sich mit allen Kräften zu ihm, ganz nach dem Gesetz des Mose, wie keiner mehr nach ihm (vgl. 2.Kön 23,25), schließt einen Bund vor JHWH, gemäß des gefundenen "zweiten" Gesetzbuches (Deuteronomium), in das alles Volk eintritt, und startet seine große radikale Kultreform. Wie bereits durch einen Propheten aus dem

Südreich in 1. Könige 13,2b vorangekündigt, zerschlägt er den Betheler Altar (23,15), schlachtet Menschengebeine darauf (23,20a), rottet den Götzendienst endgültig aus und beendet somit ein für allemal die Sünden Jerobeams, des Sohnes Nebats. Die Zerstörung des Stierbildes durch Josia wird allerdings nicht ausdrücklich erwähnt. "Innerhalb des Berichtes vom Untergang des Nordreiches 2Kön 17 findet sich eigenartigerweise keine Nachricht über die Wegführung des Stierbildes. Einen solchen Vorgang zu verschweigen, hätte gewiß nicht im Interesse der Deuteronomisten gelegen."[44] Eine theologisch negative Bewertung erfahren die Heiligtümer in Bethel und Dan erst im Deuteronomistischen Geschichtswerk (DtrG).[45] Für die Deuteronmisten ist die Aufstellung der Stierbilder die "Sünde Jerobeams"[46], die die Geschichte des Nordreiches von vorneherein zum Scheitern verurteilt hat. In den dtr. Formeln der Königsbücher, in denen die Regierungszeit der jeweiligen Könige abschließend bewertet wird und Jerobeam und seine Nachfolger als sündig verurteilt werden,[47] aufgrund des Verstoßes gegen die Kultzentralisationsforderung von Dtn 12, die Josia 622 v.Chr. auf Jerusalem bezogen hatte.[48] Daneben sind auch die Verletzung des Bilderverbots aus Dtn 6,6-18 durch die Erstellung des Stierbildes, der Polytheismus bzw. Polyjahwismus, der sich in 1. Könige 12,28b zeigen könnte und die Verletzung des Fremdgötterverbotes Anklagen, die das DtrG gegen Jerobeam und die Kultstätten Bethel und Dan erhebt.[49] "Der dtr Bericht läßt jedenfalls erkennen, daß die Verehrung der Stierbilder spätestens unter den Bedingungen des aufkommenden Henotheismus, erst recht im Zeichen des Dtn, als Götzendienst betrachtet werden mußte."[50] "The cult of Bethel is intimately connected with the

---

[44]Vgl. Pfeiffer, Heiligtum, 126.
[45]Zum DtrG vgl. Smend, Entstehung, 111-139.
[46]Die erste negative Bewertung findet sich im Bericht über die Aufstellung der Kälber in Bethel und Dan in 1. Kö 12,28ff.
[47]1. Kö 14,16; 15,29f.34; 16,2f.19.26; 21,22; 22,53; 2. Kö 3.3; 10,29.31; 13,2.6.11; 14,24; 15,9.18.24.28; 17,21ff.
[48]Vgl. Donner, Geschichte, 272.
[49]Vgl. Pfeiffer, Heiligtum, 23. Die Formel Myrxm Xram KvLih rwa larwy Kyhla hnh in 1. Kö 28 kann auch pluralisch verstanden werden, vgl. Donner, Götter, 45ff.
[50]Donner, Geschichte, 271.

bull image, at least from the days of Jerobeam I. The main evidence usually cited for the presence of the ark at Bethel (Judg. 20, 27-28) is certainly a secondary interpolation. One may suggest that the passage was added by a Jerusalem scribe as a kind of polemical answer to Bethel´s claim of the antiquity of the bull image, his purpose being to show that the ark antedated the bull even at Bethel and that the latter was merely an innovation of Jerobeam and had no roots in the Israelite past."[51] "Nun ist die in Ri 2,1-5 geschilderte Engelerscheinung zu `Bochim´, wie der LXX-Version von V1 zu entnehmen ist, ebenfalls in Bethel situiert. Der Abschnitt gliedert sich in eine knappe Exposition (V1a) und eine Engelsrede (V1b-3), auf welche die Israeliten mit *Weinen* (V4) und *Opfern* (V5b) reagieren. V5a sieht in der Klage Israels den Ortsnamen Bochin begründet. Die in V4 und V5a genannten kultischen Handlungen verleihen Ri 2,1-5 dasselbe Profil wie den in 20,18-23.26-28; 21,1-4 erwähnten Begehungen. ... Ri 2,1-5 verschafft nun den in Bethel stattfindenden Gottesdiensten durch die Angelophanie eine Kultätiologie. Diese offenbart wesentliche und für unseren Zusammenhang durchaus bedeutsame Züge einer dtr. Kulttheologie für das Betheler Heiligtum: 1) Zunächst zeigen V4f., welche Art von Gottesdiensten legitimerweise in Bethel stattfinden dürfen. Bethel erscheint ausschließlich als Ort der *Klage*. Dieser Zug wird soweit gesteigert, das die Kultstätte `Weinende´ genannt werden kann. Wie aus V5b hervorgeht, war die Klage mit Opfern verbunden. 2) Die Klage soll offenbar, wie V2 wahrscheinlich macht, mit einer Unterweisung in der Tora und einer Deutung der Not als Schuld im Sinne der Tora - konzentriert im Fremdgötterverbot - einhergehen. 3) Von besonderem Interesse im Blick auf Hos 12,14 ist, daß sich der in `Bochim´ erscheinende Engel als Führerpersönlichkeit bei der `Heraufführung aus Ägypten´ ausweist. Im ganzen bezeugt Ri 2,1-5, daß der exilische Kult am Heiligtum von Bethel auch seitens der Deuteronomisten theologisch reflektiert wurde, und zwar so, daß sie den Exodus als der für sie entscheidenden Ursprungsgeschichte Israels zur Mitte der Kulttheologie er-

[51]Na´aman, Beth-aven, 17f.

klären."[52] Die negative Bewertung, die die Stierbilder in Bethel und Dan erfahren, erhält ihre theologische Begründung in Exodus 32. Die Präsentationsformel aus 1. Könige 12,28b findet sich zweimal in Exodus 32, in den Versen 4 und 8[53]: *1Kö12,28b:* Myrxm Xram Kvlih rwa larwy Kyhla hnh. *Ex 32,4 bzw. 8:* Myrxm Xram Kvlih rwa larwy Kyhla hla. Da Exodus 32,7-14 von Dtn 9f. abhängig ist, ist die Formulierung jünger als 1. Könige 12,28.[54] Als einziger Unterschied wird die deiktische Partikel hnh in Exodus 32,4.8 durch das Demonstrativpronomen hla ersetzt. Dadurch wird die Relation von Gott und Bild hergestellt.[55] Zwischen Mose und Josia entsteht eine Parallelität durch die von beiden durchgeführte Zerstörung des Stierbildes (Ex 32,19f.; Dtn 9,16). Beiden Stellen ist gemeinsam, daß Mose das Kalb im Feuer zerschmilzt, zu Pulver zermalmt und ins Wasser streut. Zusätzlich gibt er es in Ex 32,19f. den Israeliten zu trinken, die dadurch für ihren Fehltritt büßen müssen. Diese Buße durch die Ausrottung der Schuldigen rekurriert auf den Untergang des Nordreiches 722 v.Chr.[56] Analog dazu entsteht eine Parallelität von Aaron, der in Exodus 32,1-4 das goldene Kalb herstellt, und Jerobeam, der eben dieses in 1. Könige 12,28 tut. Den negativ besetzten Figuren Aaron und Jerobeam setzten die Dtr. die Figuren Mose und Josia gegenüber. So projezieren sie die aktuelle Geschichte Israels und Judas in die klassische Heilszeit zurück. Durch die Profanierung des Heiligtums in Bethel in 2. Könige 23,15 scheint den Dtr., die Sünde Jerobeams ein Ende gefunden zu haben.[57]

II. Wissenschaftliche Hausarbeit im Fach Systematische Theologie

[52]Vgl. Pfeiffer, Heiligtum, 94.
[53]Ebenso in Neh 9,18: myrxmm Klih rwa Kyhla hz mit Bezug auf Ex 32,4.8. Vgl. Pfeiffer, Heiligtum, 31.
[54]Vgl. Pfeiffer, ebd.
[55]Vgl. Pfeiffer, ebd.
[56]Vgl. Pfeiffer, Heiligtum, 32f.
[57]Vgl. Donner, Geschichte, 379, Anm.33.

zur Ersten Theologischen Prüfung: „Johann Baptist Metz´ Konzeption einer politischen Theologie“ (1999)[58]

<u>Literaturverzeichnis:</u>

1. Veröffentlichungen von Metz: - Befreiendes Gedächtnis Jesu Christi, Mainz 1970. [zit. als: Befr.] - Bemerkungen zum "Katholischen Prinzip" der Repräsentation. Ein Nachtrag zu "Monotheismus und Demokratie", in: Jahrbuch politische Theologie 2, 1997, S. 303-307. [zit. als: Bem.] - Brot des Überlebens. Das Abendmahl der Christen als Vorzeichen einer anthropologischen Revolution: JbR, S. 51-69. [zit. als: Br.] - Christen und Juden nach Auschwitz. Auch eine Betrachtung über das Ende bürgerlicher Religion: JbR, S. 29-50. [zit. als: Christen] - Christentum und Politik - jenseits bürgerlicher Religion: JbR, S. 94-110. [zit. als: Ctum.] - Christliche Anthropozentrik. Über die Denkform des Thomas von Aquin, München 1962. [zit. als: Christl.] - Das Christentum angesichts des Pluralismus von Kultur- und Religionswelten, in: Edith-Stein-Jb.4, Würzburg 1998, S. 81-87. [zit. als: Das Chr.] - Das Leid der Anderen und die Zukunft Gottes. Ezzelino von Wedel interviewt Johann Baptist Metz, Grünewald Sprechkassetten, Mainz 1998. [zit. als: Das Leid] - Den Glauben lernen und lehren. Dank an Karl Rahner, München 1984. [zit. als :Den Gl.] - Der Glaube der Reformer: JbR, S. 128-140. [zit. als: Der Gl.] - Der Kampf um die verlorene Zeit. Unzeitgemäße Thesen zur Apokalyptik, in: ders.: Unterbrechungen. Theologisch-politische Perspektiven und Profile, Gütersloh 1981, S. 85-94. [zit. als: Der Kampf] - Der zukünftige Mensch und der kommende Gott, in: Schultz, H.J.(Hg.): Wer ist das eigentlich - Gott?, München 1969, S. 260-275. [zit. als: Der zuk.] - Die Dritte Welt und Europa. Theologisch-politische Dimensionen eines unerledigten Themas, in: Stimmen der Zeit 211, 1993, 1, S. 3-9. [zit. als: Die Dritte] - Die elektronische Falle. Theologische Bemerkungen zum religiösen Kult im Fernsehen, in: Concilium. In-

[58] Wissenschaftliche Hausarbeit im Fach Systematische Theologie zur Ersten Theologischen Prüfung im Herbst 1999.

ternationale Zeitschrift für Theologie 29, 1993, 6, S. 503-506. [zit. als: Die elektr.] - Die Lizenz des Theologen,in: Gruppe Münster (Hg.), Zur Rettung des Feuers. Solidaritätsschrift für K. Füssel, Christen für den Sozialismus, Münster 1981, S. 264-270. [zit. als: Die Lizenz] - Die Rede von Gott angesichts der Leidensgeschichte der Welt, in: Stimmen der Zeit 210, 1992, 5, S. 311-320. [zit. als: Die Rede] - Die Verantwortung der christlichen Gemeinde für die Planung der Zukunft, in: Die neue Gemeinde, unter Mitarbeit von W. Dirks und J.B. Metz, 2.Aufl., Mainz 1968, S. 247-260. [zit. als: Die Verant.] - Die Zukunft des Glaubens in einer hominisierten Welt, in: Weltverständnis im Glauben, Mainz 1965, S. 45-62. [zit. als: Die Zuk.] - Ein Dialog der Theologen. Rückblick auf einen Kongreß, in: ders. / Rottländer, P.: Lateinamerika und Europa, Dialog der Theologen, München / Mainz 1988, S. 9-22. [zit. als: Ein Dialog] - Ermutigung zum Gebet, ders. / Rahner, K.(Hg.), Freiburg i. B. 1977. [zit. als: Metz / Rahner, Ermutigung] - Europa in der einen Welt. Politische, kulturelle, theologische Aspekte, in: Renovatio, Zeitschrift für das interdisziplinäre Gespräch 49, 1993, 2, S. 95-102. [zit. als: Europa] - Fehlt uns Karl Rahner?, Oder: Wer retten will, muß wagen. Einführung, in: Rahner, K.: Strukturwandel der Kirche als Chance und Aufgabe, Freiburg i.B. 1989, S. 9-24. [zit. als: Fehlt uns] - Freiheit als philosophisch-theologisches Grenzproblem, in: ders. / u.a.: Gott in Welt, Festgabe für Karl Rahner, Bd.1, Freiburg i.B. 1964, S. 287-314. [zit. als: Freiheit] - Glaube als gefährliche Erinnerung, in: Theologische Meditationen, Bd.27: Hilfe zum Glauben, Einsiedeln 1971, S. 23-38. [zit. als: Gl. als] - Glaube in Geschichte und Gesellschaft. Studien zu einer praktischen Fundamentaltheologie, 5.Aufl., Mainz 1992. [zit. als: Gl. in] - Gott und die Übel dieser Welt. Vergessene, unvergeßliche Theodizee, in: Concilium. Internationale Zeitschrift für Theologie 33, 1997, 5, S. 586-590. [zit. als: Gott u.] - Gott vor uns. Statt eines theologischen Arguments, in: Unseld, S. (Hg.): Ernst Bloch zu ehren. Beiträge zu seinem Werk, Frankfurt a.M. 1965, S. 227-241. [zit. als: Gott vor] - Gotteskrise. Versuch zur "geistigen Situation der Zeit", in: Diagnosen zur Zeit. Mit Beiträgen von J.B. Metz u.a.,

Düsseldorf 1994, S. 76-92. [zit. als: Gtk.] - Im Eingedenken fremden Leids. Zu einer Basiskategorie christlicher Gottesrede, in: ders.: Gottesrede, Münster 1996, S. 3-20. [zit. als: Im Eing. Bas.] - Im Eingedenken fremden Leids. Zu einer Brückenkategorie zwischen Theologie und Ethik, zwischen Religion und Moral, in: Katechetische Blätter 122, 1997, 2, S. 78-87. [zit. als: Im Eing. Br.] - In eigener Sache: JbR, S. 141-145. [zit. als: In] - Jenseits bürgerlicher Religion.Reden über die Zukunft des Christentums, München / Mainz 1980. [zit. als: JbR] - Karl Rahners Ringen um die theologische Ehre des Menschen, in: Stimmen der Zeit 212, 1994, 6, S. 383-392. [zit. als: Karl] - Kirchliche Autorität im Anspruch der Freiheitsgeschichte, in: ders. / u.a.: Kirche im Prozeß der Aufklärung. Aspekte einer neuen "politischen Theologie", München/Mainz 1970, S. 53-90. [zit. als: Ki. Aut.] - Messianische oder bürgerliche Religion: JbR, S. 9-28. [zit. als: Mes.] - Monotheismus und Demokratie. Über Religion und Politik auf dem Boden der Moderne, in: Jahrbuch politische Theologie1, 1996, S. 39-52. [zit. als: Mono.] - Nochmals: Die marxistische Herausforderung. Zu einem Problemansatz politischer Theologie, in: Deuser, H., u.a. (Hg.): Gottes Zukunft - Zukunft der Welt, FS. für J. Moltmann, München 1986, S. 414-422. [zit. als: Noch] - "Politische Theologie" in der Diskussion, in: Peukert, H.: Diskussionen zur "politischen Theologie", Mainz / München 1969, S. 267-301. [zit. als: "PT" in] - "Politische Theologie" als gesellschaftskritische Theologie. Anschließende Diskussion mit Bausch, H., u.a., in: Gesellschaft und Ideologie. Gespräche um Glauben und Wissen, Bd. XVIII, Paulus-Gesellschaft, München 1968, S. 107-147. [zit. als: "PT" als] - Reform und Gegenreformation heute. Zwei Thesen zur ökumenischen Situation der Kirchen, Mainz 1969. [zit. als: Reform] - Reinkarnation oder Auferstehung?, Eine Diskussion wird eröffnet, ders. / Häring, H. (Hg.), in: Concilium. Internationale Zeitschrift für Theologie 29, 1993, 5, S. 377-379. [zit. als: Reink.] - Religion, ja - Gott, nein, in: ders. / Peters,T.R.: Gottespassion. Zur Ordensexistenz heute, Freiburg i.B. 1991, S. 13-62. [zit. als: Religion] - So viele Antlitze, so viele Fragen. Lateinamerika mit den Augen eines europäischen Theologen, in: ders. / Bahr,H.E.: Augen für die Anderen. Lateinamerika - eine theologische Erfahrung, München 1991, S. 11-61. [zit. als: So] - Solidarische Freiheit. Krise und Auftrag des Europäischen Geistes, in: Concilium. Internationale Zeitschrift für Theologie 28, 1992, 2/3, S. 178-182. [zit. als: Sol.] - Suffering from God. Theology as Theodicy, in: Pacifica 5, 1992, 3, S. 274-287. [zit. als: Suffering] - Témoignage. Le Dieu qui ne convient pas. Réflexion sur les demandes des chrétiens, in: Istina 41, 1996, 4, S. 339-341. [zit. als: Témoign.] - The last Universalists, in: The future of theology,1996, S. 47-51. [zit.als: The last] - Theodizee-empfindliche Gottesrede, in: ders.: Zur Dramatik der Theodizeefrage, Mainz 1995, S. 81-102. [zit. als: Theodizee] - Theologie im neuen Paradigma: Politische Theologie, in: Küng, H. / Tracy, D.: Das neue Paradigma von Theologie. Strukturen und Dimensionen, Zürich / Gütersloh 1986, S. 119-128. [zit. als: Th. im] - Thesen zum theologischen Ort der Befreiungstheologie, in: ders.: Die Theologie der Befreiung: Hoffnung oder Gefahr für die Kirche?, Schriften der Katholischen Akademie in Bayern, Bd.122, Düsseldorf 1986, S. 147-157. [zit. als: Thes.] - Unterwegs zur Zweiten Reformation. Oder: Die Zukunft des Christentums in einer nachbürgerlichen Welt: JbR, S. 70-93. [zit. als: Unt.] - Vergebung der Sünden. Theologische Überlegungen zu einem Abschnitt aus dem Synodendokument "Unsere Hoffnung", in: Stimmen der Zeit, 1977, S. 119-128. [zit. als: Ve.] - Vorwort, in: Ganoczy, A.: Sprechen von Gott in heutiger Gesellschaft. Weiterentwicklung der "Politischen Theologie", Freiburg i.B. 1974, S. 5f. [zit. als: Vw.Gan.] - Vorwort in: Sie leben im Herzen des Volkes. Lateinamerikanisches Martyrologium, hg. v. Instituto Histórico Centroamericano, Düsseldorf 1984, S. 7-12. [zit. als: Vw.Sie] - Vorwort zur Deutschen Ausgabe, in: Gutiérrez, G.: Theologie der Befreiung, München / Mainz 1973, S. X-XII. [zit. als: Vw.Gut.] - Vorwort zur neubearbeiteten Ausgabe in: Rahner, K.: Hörer des Wortes. Zur Grundlegung einer Religionsphilosophie, München 1963, S. 9-12. [zit. als: Vw.Rahner] - "Wenn die Betreuten sich ändern." Unterwegs zu einer Basiskirche: JbR, S. 111-127. [zit. als: Wenn] - Wille zum Dialog, in: ders. / u.a.: Der Dialog. Oder:

Ändert sich das Verhältnis zwischen Katholizismus und Marxismus?, Reinbek 1966, S. 119-138. [zit. als: Wille] - Wohin ist Gott, wohin denn der Mensch?, Zur Zukunftsfähigkeit des abendländisch-europäischen Christentums, in: Ernst, W., u.a. (Hg.), Theologisches Jahrbuch 1991, Leipzig 1992, S. 196-208. [zit. als: Wohin?] - Zeit der Kirche - Zeit der Orden?, in: Wulf, F.(Hg.), Mitten unter den Menschen. Spiritualität, Aufgaben und Probleme der Priester und Ordensleute, Düsseldorf 1979, S. 79-95. [zit. als: Zeit d. Kir.] - Zeit der Orden?, Zur Mystik und Politik der Nachfolge, 3.Aufl., Freiburg i.B. 1977. [zit. als: Zeit d. Ord.] - Zeit ohne Finale?, Zum Hintergrund der Debatte über "Resurrektion oder Reinkarnation", in: Concilium. Internationale Zeitschrift für Theologie 29, 1993, 6, S. 458-462. [zit. als: Zeit oh.] - Zu einer interdisziplinär orientierten Theologie auf bikonfessioneller Basis: Erste Orientierungen anhand eines konkreten Projekts, in: ders. (Hg.), Die Theologie in der interdisziplinären Forschung, Interdisziplinäre Studien, Bd.2, Düsseldorf 1971, S. 10-25. [zit. als: Zu einer] - Zum Begriff der neuen politischen Theologie. 1967-1997, Mainz 1997. [zit.als: Zum B.] - Zur Präsenz der Kirche in der Gesellschaft, in: ders.: Freiheit in Gesellschaft, Freiburg i.B. 1971, S. 7-20. [zit. als: Zur Präs.] - Zur Theologie der Welt, München / Mainz 1968. [zit. als: Zur Th.] - Zwischen Erinnern und Vergessen. Der Christ im Umgang mit der Geschichte, in: Liebmann, M., u.a., Metamorphosen des Eingedenkens, Graz 1995, S. 25-34.[zit. als: Zwischen] 2. Zur Diskussion um die politische Theologie von J.B.Metz: ANCIC, N.: Die "Politische Theologie" von Johann Baptist Metz als Antwort auf die Herausforderung des Marxismus, Europäische Hochschulschriften, ReiheXXIII, Bd.155, Frankfurt a.M. 1981. [zit. als: Ancic] ARENS, E.: Das Interesse an der politischen Theologie an der Theorie des kommunikativen Handelns, in: ders., u.a.: Erinnerung, Befreiung, Solidarität. Benjamin, Marcuse, Habermas und die politische Theologie, Düsseldorf 1991, S. 145-151. [zit. als: Arens] BAUER, G.: Christliche Hoffnung und menschlicher Fortschritt. Die politische Theologie von J.B. Metz als theologische Begründung gesellschaftlicher Verantwortung des Christen, Mainz

1976. [zit. als: Bauer] BAUMOTTE, M.: Theologie als politische Theorie. Systematische Strukturen politischer Theologie im 20. Jahrhundert, in: Rendtorff, T. (Hg.), Kritik der politischen Theologie, Theologische Existenz heute, Nr. 175, München 1973, S. 7-15. [zit. als: Baumotte] BENEYTO PEREZ, J.M.: Politische Theologie Carl Schmitts, in: ders., Politische Theologie als politische Theorie. Eine Untersuchung zur Rechts- und Staatstheorie Carl Schmitts und zu ihrer Wirkungsgeschichte in Spanien, Schriften zur Rechtstheorie, Heft 105, Berlin 1983, S. 62-164. [zit. als: Beney.] BÖCKLE, F.: Moraltheologie. Überlegungen zur "politischen Theologie". Ein Seminarbericht: Peukert, S. 178-184. [zit. als: Böckle] BÜHLER, P.: Kreuz und Eschatologie. Eine Auseinandersetzung mit der politischen Theologie, im Anschluß an Luthers theologia crucis, Tübingen 1981. [zit. als: Bühler] ERMECKE, G.: "Politische Theologie" im Licht einer realistischen Sozialtheologie. Luther-Kant-Marx: Ante Portas: Peukert, S. 162-177. [zit. als: Ermecke] FISCHER, H.: Systematische Theologie. Konzeptionen und Probleme im 20. Jahrhundert, Stuttgart / Berlin / Köln 1992. [zit. als: Fisch.] GANOCZY, A.: Die "politische Theologie" von J.B. Metz, in: ders.: Sprechen von Gott in heutiger Gesellschaft. Weiterentwicklung der "Politischen Theologie", Freiburg i.B. 1974, S. 19-69. [zit. als: Ganoczy] GEFFRÉ, C.: Religion und Moderne: Ein Weg aus dem Konflikt: Schillebeeckx, S. 130-142. [zit. als: Gef., Rel.] - ders.: Zur neueren Geschichte der Fundamentaltheologie: Von der Apologetik zur "politischen Theologie": Peukert, S. 96-120. [zit. als: Gef., Zur neueren] GUTIÉRREZ, G.: Eschatologie und Politik, in: ders.: Theologie der Befreiung, Gesellschaft und Theologie, Systematische Beiträge, Nr.11, München/Mainz 1973, S. 197-233. [zit. als: Gutiérrez] HANSSLER, B.: Politik statt Kult, in: Hengsbach, F. (Hg.), Politische Denaturierung von Theologie und Kult, Veröffentlichungen des Studienkreises Kirche und Befreiung, Aschaffenburg 1978, S. 63-81. [zit. als: Hanssler] HAUCK, F. / SCHWINGE, G.: Art.: Politische Theologie, in: dies.(Hg.): Theologisches Fach- und Fremdwörterbuch, 7.Aufl., Göttingen 1992, S. 158. [zit. als: Hauck] HERZOG, F.: "Politische Theologie" und die christliche Hoffnung: Peukert, S. 121-144. [zit. als: Herzog] HONECKER, M.: Grundriß der Sozialethik, Berlin / New York 1995. [zit. als: Hon., Grundr.] - ders.: Politik und Christentum, in: Müller,G.(Hg.): TRE, Bd.XXVII, Berlin / New York 1997, S. 6-22. [zit. als: Hon., Pol.] JANSSEN, H. G.: Das Theodizee-Problem der Neuzeit. Ein Beitrag historisch-systematischen Grundlegung politischer Theologie, Europäische Hochschulschriften, Reihe XXIII, Bd.198, Frankfurt a.M. 1982. [zit. als: Jannsen] KEHRER, G.: Gesellschaftliche Bedingungen und Konsequenzen einer politischen Theologie, in: Feld, H.: Dogma und Politik. Zur politischen Hermeneutik theologischer Aussagen, Mainz 1973, S. 119-144. [zit. als: Kehrer] KÖSTER, F.: Offener Brief von Fritz Köster an Hans Küng: Bald geht keiner mehr hin, in: Publik-Forum 22, 1998, S. 43. [zit. als: Köster] KRAUS, H.J.: Politische Theologie: Theopolitik und Bergpredigt, in: Hofmann, F.M. (Hg.): Tu deinen Mund auf für die Stummen, Beiträge zu einer solidarischen Praxis der christlichen Gemeinde, Gütersloh 1986, S. 142-153. [zit. als: Kraus] KÜNG, H.: Ein Brief zum Dialog Metz-Ratzinger, "Ein Schandpunkt der politischen Theologie". Hans Küng über öffentliches Treffen Metz - Ratzinger empört. "Der römische Großinquisitor wird das Forum zu nutzen wissen", in: Publik-Forum 20, 1998, S. 31. [zit. als: Küng] LAMB, M.L.: Politische Theologie jenseits von Restauration und Liberalismus: Schillebeeckx, S. 95-105. [zit. als: Lamb] LEHMANN, K.: Die "politische Theologie": Theologische Legitimation und gegenwärtige Aporie: Peukert, S. 185-216. [zit. als: Lehmann] LOCHMAN, J.M.: Perspektiven politischer Theologie, Polis 42, Evangelische Zeitbuchreihe, Zürich 1971. [zit. als: Lochm.] MAIER, H.: Kritik der politischen Theologie, Einsiedeln 1970. [zit.als: Maier, Kritik] - ders.: "Politische Theologie"? Einwände eines Laien: Peukert, S. 1-25. [zit. als: Maier, "P.T."] MATE, R.: Über Philosophie und Politik. Aus der Erinnerung an J.B. Metz: Schillebeeckx, S. 151-158. [zit. als: Mate] MATZ, U.: Verteidigung der Politik gegen die Politische Theologie, in: ders./Kafka, G.E.: Zur Kritik der Politischen Theologie, Rechts- und Staatswissenschaftliche Veröffentlichungen der Görres-Gesellschaft, Neue Folge, Heft 11, Paderborn 1973, S. 9-23.

[zit. als: Matz] MEESMANN, H.: Gott, die Zeit und die politische Theologie: Die quälende Frage nach dem Leid. Johann Baptist Metz lädt Kardinal Joseph Ratzinger zur akademischen Geburtstagsfeier ein - doch zum Dialog kommt es nicht, in: Publik-Forum 21, 1998, S. 26f. [zit. als: Meesmann, Gott] - ders.: Theologie in der zweiten Hälfte des 20. Jahrhunderts: Die Ohnmacht Gottes, der lautlose Schrei und der prophetische Einspruch. "Wie ich mich geändert habe" - In Tübingen erzählten neun renommierte Theologinnen und Theologen aus ihrem Leben,in: Publik-Forum 14, 1996, S. 22-27. [zit. als: Meesmann, Th.] MOLTMANN, J.: Die Politische Theologie und die unvollendete Neuzeit, in: ders.: Was ist heute Theologie?, Zwei Beiträge zu ihrer Vergegenwärtigung, Freiburg i.B. 1988, S. 94-102. [zit. als: Moltm., Die] - ders.: Neues theologisches Denken: Politische Theologie, in: ders.: Gerechtigkeit schafft Zukunft. Friedenspolitik und Schöpfungsethik in einer bedrohten Welt, Forum Politische Theologie Nr.9, München / Mainz 1989, S. 39-44. [zit. als: Moltm., Neu.] - ders.: Politische Theologie, in: ders.: Politische Theologie - Politische Ethik, München / Mainz 1984, S. 152-165. [zit. als: Moltm., P.T.] - ders.: Politische Theologie als Dialog, in: Kellner, E.(Hg.), Neue Generation und alte Strukturen der Macht, Gespräche der Paulus Gesellschaft, Traunstein 1986, S. 119-138. [zit. als: Moltm., Pol.Theol. als] OCKENFELS, W.: Politisierter Glaube? Zum Spannungsverhältnis zwischen Katholischer Soziallehre und Politischer Theologie, Sammlung Politeia, Bd. XXXIII, Bonn 1987. [zit. als: Ockenfels] OELMÜLLER, W.: Zur philosophischen Begründung des Sittlichen und Politischen. EinBeitrag zur "politischen Theologie": Peukert, S. 38-71. [zit. als: Oelm.] PANNENBERG, W.: Geschichtstatsachen und christliche Ethik. Zur Relevanz geschichtlich politischer Sachfragen für die christliche Ethik: Peukert, S. 231-246. [zit. als: Pannenberg] PAWLOWSKI, H.: Bündnis der Religionen: Was in der Welt zum Himmel schreit. Johann Baptist Metz stellt sein `Weltprogramm des Christentums´ vor. Kritik an dem Weltethos Hans Küngs, in: Publik-Forum 3, 1998, S. 24f. [zit. als: Pawkowski] PETERS, T.R.: Die Präsenz des Politischen in der Theologie Dietrich Bonhoeffers. Eine historische Untersuchung in systematischer Absicht, in: Gesellschaft und Theologie, Systematische Beiträge Nr.18, Münster 1974. [zit. als: Peters, Die Präs.] - ders.: Johann Baptist Metz. Theologie des vermißten Gottes, Mainz 1998. [zit. als: Peters, Joh.] - ders.: Mystik. Mythos. Metaphysik. Die Spuren des vermißten Gottes, Forum Politische Theologie Nr.10, Mainz / München 1992, S. 91-118. [zit. als: Peters, Myst.] PEUKERT, H.: Einleitung, in: ders.: Diskussion zur "politischen Theologie", Mainz / München 1969, S. VIII-XIV. [zit. als: Peu., Einl.] - ders.: Zur formalen Systemtheorie und zur hermeneutischen Problematik einer "politischen Theologie": Peukert, S. 82-95. [zit. als: Peu., Z.] RAHNER, K.: Die Frage nach der Zukunft. Zur theologischen Basis christlicher Gesellschaftskritik: Peukert, S. 247-266. [zit.als: Rahner, Die Fr.] - ders.: Zum politischen Engagement der Christen, in: ders., Politische Dimensionen des Christentums, Ausgewählte Texte zu Fragen der Zeit, München 1986, S. 54-81. [zit. als: Rahner, Zum] RAINER, M.J.: Carl Schmitt und Johann Baptist Metz in fremder Nähe?, - Bemerkungen zu zwei Leitkonzepten politischer Theologie im 20. Jahrhundert, in: Jahrbuch politische Theologie 1, 1996, S. 82-106. [zit. als: Rainer] RENDTORFF, T.: Politische Ethik oder "politische Theologie"?: Peukert, S. 217-230. [zit. als: Rendtorff, Pol. Eth.] RENZ, H.: Christliche Politik - politische Theologie, in: Rendtorff, T. (Hg.), Kritik der politischen Theologie, Theologische Existenz heute, Nr. 175, München 1973, S. 52-61. [zit. als: Renz] ROHLS, J.: Protestantische Theologie der Neuzeit. Das 20. Jahrhundert, Bd.II, Tübingen 1997. [zit. als: Rohls] ROTTLÄNDER, P.: Politische Theologie und die Herausforderung des Marxismus. Ein Gespräch des Herausgebers mit Johann Baptist Metz, in: ders. (Hg.): Theologie der Befreiung und Marxismus, Münster 1986, S. 175-186. [zit. als: Rottländer] SCHEUER, M.: Identität aus Nachfolge (J. B. Metz), in: ders.: Die Evangelischen Räte. Strukturprinzip systematischer Theologie bei H.U.v. Balthasar, K. Rahner, J.B. Metz und in der Theologie der Befreiung, Würzburg 1990, S. 273-335. [zit. als: Scheuer] SCHILLEBEECKX, E., u.a.: Vorwort, in: ders. (Hg.): Mystik und Politik. Theologie im Ringen um Geschichte und Gesellschaft. Johann Baptist Metz zu Ehren, Mainz 1988, S. 11f. [zit. als: Schil.] SCHLENSOG, S.: Dialog Metz-Ratzinger: Blinder Fleck im Auge der Politischen Theologie?, Der Streit zwischen Küng und Metz um das Treffen in Ahaus verdeutlicht Unterschiede in der Sache, in: Publik-Forum 22, 1998, S. 43f. [zit. als: Schlens.] SCHLETTE, H.R.: Religion ist Privatsache. Ein Beitrag zur "politischen Theologie": Peukert, S. 72-81. [zit. als: Schlette]SCHMITT, C.: Politische Theologie II. Die Legende von der Erledigung jeder Politischen Theologie, 4.Aufl., Berlin 1996. [zit. als: Schmitt] SCHOLZ, F.: Bemerkungen zur Funktion der Peterson-These in der neueren Diskussion um eine Politische Theologie, in: Schindler, A. (Hg.), Monotheismus als politisches Problem?, Erik Peterson und die Kritik der politischen Theologie, Studien zur evangelischen Ethik, Bd.14, Gütersloh 1978, S. 170-201. [zit. als: Scholz] SCHÜRMANN, H.: Der gesellschaftliche und gesellschaftskritische Dienst der Kirche und der Christen in einer säkularisierten Welt: Peukert, S. 145-161. [zit. als: Schür.] SCHÜSSLER FIORENZA, F.: Politische Theologie und liberale Gerechtigkeitskonzeptionen: Schillebeeckx, S. 105-117. [zit. als: Schüssl.] SEEBER, D.A.: Was will die "politische Theologie"?: Peukert, S. 26-37. [zit. als: Seeber] SEIFART, A.: Der Gott der "politischen Theologie". Die Entwicklung der Gottesdiskussion vom kämpfenden Nationalgott bis zur christlich motivierten Strategie des Guerillakrieges, Einsiedeln 1978. [zit. als: Seifart] SHAULL, R.: Revolution in theologischer Perspektive, in: ders., Befreiung durch Veränderung. Herausforderungen an Kirche, Theologie und Gesellschaft, München/Mainz 1970, S. 91-177. [zit. als: Shaull] SÖLLE, D.:Politische Theologie, in: dies., Politische Theologie. Auseinandersetzung mit Rudolf Bultmann, Stuttgart 1971, S. 71-89. [zit.als: Sölle, P.T.] - dies.: Welches Christentum hat Zukunft?, Dorothee Sölle und Johann-Baptist Metz im Gespräch mit Karl-Josef Kuschel, Stuttgart 1990. [zit. als: Sölle, Welches] STRUNK, R.: Politische Ekklesiologie im Zeitalter der Revolution, München / Mainz 1971. [zit. als: Strunk] VORGRIMLER, H.: Solidarische dogmatische Wünsche an die Politische Theologie: Schillebeeckx, S.

185-196. [zit. als: Vorgr.] WACKER, B.: Statt eines Rückblicks-nochmals: Zur Görres-Rezeption heute, in: ders., Revolution und Offenbarung. Das Spätwerk (1824-1848) von Joseph Görres - eine politische Theologie, Mainz 1990, S. 221-229. [zit. als: Wacker] WIEDENHOFER, S.: Politische Theologie, Stuttgart 1976. [zit. als: Wied.] YUN, E.J.: Eine hermeneutische Wendung: von der Existenzialen zur Politischen Theologie, in: ders., Christliche Bildungsarbeit und Gesellschaftskritik. Zur Begründung einer gesellschaftskritischen Bildungsarbeit der Kirche. Europäische Hochschulschriften, Reihe XXIII, Bd. 365, Frankfurt a.M. 1989, S. 53-62. [zit. als: Yun]

<u>Gliederung der Arbeit:</u>

A. Biographische Einleitung:

Da die Metz´sche politische Theologie nahezu mit ihrem katholischen Repräsentanten identifiziert werden kann, beginne ich mit der biographischen Einleitung: Johann Baptist Metz (*5.8.1928) stammt aus Welluck (Nitzlbuch, Landkreis Amberg-Sulzbach), einer geschlossen-erzkatholisch, bayrisch-kleinen Landstadt, 48 Kilometer entfernt von Flossenbürg.[59] Seine Kindheitsträume `zerfielen´ gegen Ende des Zweiten Weltkriegs, als er 16jährig zum Militär `gepreßt´ wurde, und nach einer Bataillonsgefechtsstandmeldung die eigene Kompanie tot auffand. Sein kräftig-bajuwarisches katholisch-sozialisiertes, fugendichtes Vertrauen hatte einen `Riß´ erhalten. Seither beschäftigt ihn die Theodizeefrage, die Frage nach dem Leid, insbesondere dem der anderen. In Bamberg, Innsbruck und München studierte er Philosophie und Theologie, promovierte 1952 bei E. Coreth über Martin Heidegger

[59]Ockenfels,17,A6;Sölle,Welches,21.

und 1961 bei K. Rahner über Thomas von Aquin.[60] Seine Theologie ist Ergebnis thesenhafter Beiträge und Gelegenheitsveröffentlichungen, die durch Diskussion und Streit weitergeführt wurden. Eine eigentliche `Konzeption´ im Sinne eines theologischen Gebäudes mit traditionell dogmatischen Traktaten ist von ihm nicht zu erwarten. Es gibt kein Hauptwerk; seine Bücher sind im wesentlichen Aufsatzsammlungen. Die Texte sind kurz und pointiert, sein Sprachstil kommt vom lebendigen Wort, von Predigten, Interviews und Vorträgen, er entwirft Skizzen, faßt thesenhaft zusammen und liefert visionäre Plädoyers. Während seine erste Phase operativ-gesellschaftskritisch und eschatologisch-zukunftsorientiert ist, vermittelt er in der zweiten dialektisch-kritisch zwischen Glaube und Neuzeit. Ihm sind drei *Wenden* nachgesagt worden, eine *anthropologische*, eine *politische* und eine *narrative*. Ebenso können die vier Perioden von *Grundlegung*, *Diskussion*, *Nuancierung* und inhaltlicher *Auffüllung* unterschieden werden.[61] Metz unterzog sich *außertheologischen Studien* in Anthropologie, Gesellschafts- und Politiktheorie, Wissens-, Religions- und Kirchensoziologie. Die *kognitive Fremdbestimmung* erweist sich als Bauprinzip seiner *wissenschaftlich unreinen* politischen Theologie, in welcher Biographie, Phantasie, Erfahrung, Konversion, Gebet und Vision verwoben sind. *Pietät der Klage*, Mystik der *Gottesferne*, des Ersten Gebots, produktive theologische Skepsis und hohe Sensibilität für alles Ungelöste kennzeichnen ihn. Er verzichtet auf die Simulation des Christentums als monozentrisch-bruchloses Kontinuum, klerikale Macht oder geschlossenes System.[62] Seine Theologie ist *Ausdruck einer Verlassenheit* und quälenden *Absenz Gottes*, kontextuelle Theologie mit der Absicht der Weltveränderung. Im Wissen um den Verdacht des *Negativitätskultes* wehrt er sich dagegen, als selbstquälerischer Theologe zu erscheinen. Er leugnet nicht die einseitige Überzeichnung der Geisteskrise, sondern provoziert Anfragen nach Korrekturen. Von 1963 bis 1993 lehrte er als Ordinarius an der Universität Münster

---

[60]Metz, Das Leid,1;Bauer,4.9.
[61]Scheuer,7.274.293ff.;Ganoczy,19.
[62]Peters,Joh.,36.154;ders.,Myst.,99f.

Fundamentaltheologie; nach seiner Emeritierung 1993 Religionsphilosophie und Weltanschauungslehre am Romano-Guardini-Lehrstuhl in Wien, wo man ihm 1994 den Ehrendoktor verlieh.[63]

B. Metz´ Konzeption

a) Begriff: Das Stichwort `politische Theologie´ gehört zu den *umstrittensten* theologischen Themen, ist jedoch kein originär christlicher Begriff. Die theologia tripartita hellenistischer Philosophie unterteilte in mythisch-poetische, physisch-natürliche und staatlich-politische Theologie. Historisch bezeichnet der Ausdruck von der Antike bis zur jüngsten Gegenwart eine Theologie der *staatlich-politischen Machtsanktionierung*, die nach der Französischen Revolution als Anwalt einer unhinterfragbaren gesellschaftlichen Ordnung auftrat.[64] Traditionelle Politische Theologie stand im Dienst der *Erhaltung* der bestehenden staatlichen Einrichtungen. Politische The-ologie kann die Einbeziehung des Öffentlichen meinen und der mystischen Innerlichkeit konträr sein, oder aber bewußt politisches Engagement und Parteilichkeit meinen und für eine bestimmte politische Position optionieren. Hans Maier hat darauf aufmerksam gemacht, daß der Begriff der politischen Theologie vor allem durch die *gegenaufklärerisch-dezisionistische* Deutung *Carl Schmitts* sehr belastet ist.[65] Dessen politische Theologie sei politische Religion zur *Gesellschaftslegitimation* durch symbolische Integration und mythische Bestätigung gewesen. Während Schmitts politische Theologie auf einen *Erbsündenuniversalismus* setzt, geht Metz´ *neue* politische Theologie vom Universalismus des Leidens aus. Er behauptet, daß bei keinem Trennungsversuchen von Religion und Politik in der Moderne die strikt religionsfreie Kodierung der modernen Politik durchgehalten werde und versucht dem schillernden Begriff einen neuen Inhalt zu geben, indem er darunter statt einer Identifikation christlicher Verheißung mit zeitlich-politischen Formen, ein kritisch-

[63]Metz,Gott u.,590;Meesm., Th.,25.
[64]Lochm,7;Hon.,Pol,16;Peuk,Einl,X.
[65]Maier,Kritik,14f;Sölle,P.T.,72.

dialektisches Verhältnis zur gesellschaftlichen Gegenwart versteht. Metz weiß um die Mehrdeutigkeit, Mißverständlichkeit und historische Belastung des Begriffs und bittet daher, seine Rede von der politischen Theologie so zu verstehen, wie er sie im Gebrauch zu erläutern sucht. Zur *Abgrenzung gegen die klassische* politische Theologie bezeichnet er seine als die `*neue* politische Theologie´, die für ihn die *spezifische Gestalt kritischer Glaubensverantwortung in der Gegenwart* meint.[66] b) Genese: Die Entstehungsphase der *neuen* politischen Theologie fällt mit der studentischen Protestbewegung zusammen, mit der Abneigung gegen politischen *Pragmatismus* und *Zwänge technokratischer Zivilisation* und mit einer Marxismusrenaissance. Die Tagungen zum Dialog zwischen Marxisten und Christen, die durch den Einmarsch sowjetischer Truppen in die CSSR abrupt zum Ende kamen, wurden zu einem der Anstöße für ihre Ausbildung, weitere Anstöße lieferten die theologische und praktische Unzufriedenheit mit der Restauration antiquierter Verhältnisse in Deutschland.[67] Darüber hinaus kann ihr Konzept als der erste deutsche Versuch einer überkonfessionell-ökumenisch, gesellschaftsbezogenen Theologie, mit gleichmäßiger Beteiligung katholischer und evangelischer Theologie gesehen werden. Metz bereitete die innertheologische Diskussion 1965 vor und eröffnete sie 1967 mit dem 1968 gedruckt vorliegenden Vortrag *Zur Theologie der Welt.*[68] Im Wissen um die über dreißigjährige Entwicklungsgeschichte von Metz´ politischer Theologie, bemühe ich mich dennoch um einen `synchronen´ Darstellungsversuch: demnach ist die Metz´sche Politische Theologie zunächst als Negativfolie [I] bloßen Anstoßes einer Negation und Gegenwartskritik zu sehen, auf die sodann sein Positiventwurf [II] aufbaut.

66Hon.,Grundr.,42;Metz, Mono.,41.
67Rottländer,103.178ff;Rohls,786.
68Scholz,172;Moltmann, P.T.,152.

I. Negativfolie

Metz´ politische Theologie hat in der Gegenwart eine innerkirchlich kritische Funktion, bildet ein Korrektiv gegenüber theologischer Privatisierungstendenz (*Kirchen- und Theologiekritik* [1]) und stellt den Versuch dar, die eschatologische Botschaft des Christentums unter den Bedingungen unserer heutigen Gesellschaft zu formulieren (*Gesell-schaftskritik* [2]).

1. Theologie- und Kirchenkritik

a) Privatisierung: Als zentrale Krisenelemente der *Aufklärung* sieht Metz Privatisierung, Traditions- und Autoritätsverlust. Außerdem kritisiert er die Belanglosigkeit einseitig-mystischer Theologie: Die auf das Ordensleben eingehende tiefenpsychologische Theologie wirkt ihm zu ich-verliebt und unpolitisch und die weitgehend *transzendentale, existentialistische, personalistische Theologie* beschäftigt sich zu sehr mit Ich-Du-Beziehungen, mit der Sphäre des Intimen, Privaten und Nichtpolitischen.[69] Die Aufklärung führte nach Metz zu einer Privatisierung der Religion, zur Einbüßung gesamtgesellschaftlicher Funktionen, der sich die Theologie existentialistisch-personalistisch als bloße Theorie anpaßte und zum Ausdruck bürgerlicher Subjektivität wurde, während er die theologiekritische Funktion praktischer Fundamentaltheologie gerade in der Entprivatisierung des Glaubens sieht. In der kirchlichen Ablehnung der Neuzeit als unchristlichen Verweltlichungsprozesses verberge sich ein gefährlicher heilsgeschichtlicher *Extrinsezismus* und theologischer *Positivismus*, der mit der Einstiftung des christlichen Geistes in das Fleisch der Weltgeschichte nicht völlig Ernst mache und in *monophysitischem* Heilsgeschichtsverständnis den Prozeß konkreter Weltgeschichte vernachlässige.[70] b) Schuldheuristik: Seit der Apologie Augustins gegen die gnostisch-dualistische Aufteilung Gottes in einen Schöpfer- und einen Erlösergott, hat sich die ursprüngliche Theodizeefrage in eine Anthro-

---

[69]Metz,"PT"in,269ff.;Herzog,127f.
[70]Metz,ZurTh,13;Religion,23ff.44.

podizeefrage und das Christentum sich aus einem leidempfindlichen zu einem sündenempfindlichen, aus einer Leidensmoral zu einer individualisierten *Sündenmoral*, zu einer *Heuristik der Schuldgefühle* und der Sündenangst verwandelt, so daß die primäre Aufmerksamkeit nicht mehr dem Leid der Kreatur gelte, sondern ihrer Schuld.[71]

2. Gesellschaftskritik

a) Besitzbürgertum: Metz´ Gesellschaftskritik hat ihre Impulse durch Hegel gewonnen. Er erweist sich als nachidealistischer Antibürger und verdeutlicht die *Aporien* isoliert gesetzter Säkularisierung, Aufklärung, Autonomie, Emanzipation und des historisch-dialektischen Materialismus. Er beschreibt die Zeit als *religionsfreundliche Gottlosigkeit.*[72] Schwerpunkt bleibt für ihn der Aufweis kollektiver Vergiftung und die Kritik am bürgerlichen Subjekt und dessen *Individuationsprinzip* von Leistung, Erfolg und Haben. Deutschland sei, ohne revolutionäre Freiheitsgeschichte und Widerstand, übermaßig *politisch angepaßt.* Das moralische Klima Europas schwanke zwischen Suspension und *Kleiner Moral* postmoderner Spielart. Dem bequemen *Besitzbürger* gebreche es an moralischer Kraft, sich des eigenen Verstandes zu bedienen und politisch so mündig zu werden, wie er es gesellschaftlich und ökonomisch bereits sei. Auf dessen Hausgebrauch sei die elitär-natürliche *Vernunftreligion* der Aufklärung als extrem privatisierte Gefühls- und Innerlichkeitsreligion zugeschnitten. Er spricht von der *totalen Bedürfnis- und Tauschgesellschaft*, in der neben Schuld, Leid und Trauer auch Liebe und Sympathie verboten seien. In einer Gesellschaft, die ausschließlich vom *Sinn des Habens* geprägt sei, die alles Tauschwertlose der *Vergleichgültigung* ausliefere, habe das Christentum entweder ein radikales oder ein klägliches Dasein. Jede Information privater Medien gerate in den Sog der *Unterhaltung*, jedes Programm in den der *Werbung.*[73] Die nachtraditionelle Diskursgesellschaft komme über die *ano-*

[71]Ders,Thes,147ff;Ve,127f;Gtk,77ff.
[72]Ders.,Christen,40;Die Rede,312.
[73]Ders,Zeit d.Ord,96;Die elektr,503.

nyme Herrschaft von Markt, Tausch und Konkurrenz nicht hinaus. Das ökonomisch universale Markt- und Tauschdenken habe bereits die Autonomie politischen Lebens angetastet und die Grundlagen des seelischen Lebens erreicht. Parameter europäischer Noch- oder Nachmoderne seien *Subjektmüdigkeit*, *Gedächtnisschwund*, *Sprachzerfall* und *Geschichtslosigkeit*. Metz klassifiziert drei vorherrschende Theologietypen, die klassische Neoscholastik, die bürgerlich-liberale Religion und die politische Theologie, welche in konstitutioneller Einheit von Kirchen- und Gesellschaftskritik auf eine \`Kirche des Volkes´ zielt. Er unterteilt in die drei miteinander konkurrierenden Kirchenbilder vorbürgerlich betreuender Volkskirche, bürgerlicher Angebots- und Servicekirche und nachbürgerlicher Initiativkirche, die es als Basiskirche anzustreben gilt. An der *Bürgerkirche* kritisiert er, daß infolge deutscher Genehmigungs- und Legitimationssüchtigkeit nur behördlich Abgesegnetes unternommen werde. Er konstatiert einen kirchlichen *Euro-Darwinismus*. Jedoch *habe* die Kirche nicht nur eine Dritte-Welt-Kirche, sondern *sei* selbst eine.[74] Da die katholische Kirche die Aufklärung noch nicht durchschritten habe, deshalb auch noch nicht in der Neuzeit angekommen sei, bestehe eine *Ungleichzeitigkeit* zwischen kirchlichen Lebenspraktiken und der heutigen Gesellschaft.[75] Metz sieht die Gegenwart als Zeit der *Gottes-* und *Kirchenkrise*. Die Ursache dafür sei ein Mangel an eingeübter kritischer Freiheit; es fehle die Wahrnehmug fremden Leids, es fehle an *Karsamstagstheologie*. Das Christentum versuche sich an Schöpfungswidrigkeiten vorbeizuretten, lasse das Sensorium für fremdes Unglück verkümmern und gerate zur *Verblüffungsfestigkeit*.[76] b) Zeit ohne Finale: Metz konstatiert einen anonymen Druck der *Beschleunigung*, eine undurchsichtige Mobilisierung der Lebenswelt, einen mythischen Bann losgelassener, entfesselter, sich selbst überlassener Zeit und *Beginn- und Finallosigkeit* der Weltzeit. Die Evolutionslogik, der alles gleichgültig sei wie dem Tod, sei als Herrschaft des Todes über die

[74]Ders,Noch,415ff,A16;DieDritte,8f
[75]Wied,13;Oelm,71;Metz, Karl,386.
[76]Metz,Vw.Sie,12;Gott und,590.

Geschichte die eigentliche unpathetische Gottlosigkeit, vor deren gnadenloser Kontinuität nichts mehr zu retten sei. Die Botschaft vom Tode Gottes und der *Zeit ohne Finale* drücke sich in einer *kulturellen Amnesie* aus. Erinnerung bleibe von der *Furie des Vergessens* bedroht, der Gefahr des *Versiegens und Verbrauchtwerdens der Ressourcen des Eingedenkens*, werde im *Vergessen des Vergessens* zum Verschwinden gebracht, um nichts mehr zu vermissen. Die Kirche habe sich in die tödliche Umarmung des historischen *Evolutionismus* begeben und könne nun allein noch im Widerstand gegen die klimatisch-schwelende Präsenz *neomythischer* Welt- und Geschichtsdeutungen die theologische Dialogfähigkeit erweisen. Sie *immunisiere* sich mit Hilfe einer gnostisch-dualistischer Zeithalbierung in befristete *vita brevis* und entfristete Weltzeit. In der rasenden *Beschleunigung* komme alles abhanden. Vision sei der *zeitunempfindliche* Mensch als *sanft und unschuldig funktionierende Maschine* in der *Technopolis* von morgen. Es gebe die Angst davor, daß *nichts mehr zu Ende* gehe, daß alles ins Gewoge einer antlitz- und gnadenlosen, vergleichgültigenden Zeit hineingerissen sei.[77] c) Unschuldsmythos: Metz protestiert gegen die strikt darwinistisch-evolutionistische Identifizierung der Sieghaftigkeit mit der *Selektionsfähigkeit* des Anpassungsfähigeren, dem *vae victis* anonymer Naturgeschichte. Der Marxismus unterschlage und leugne Schuld als abgeleitetes Phänomen, betrachte Befreiungs- als reine Siegergeschichte und projiziere Scheitern und Versagen auf geschichtliche Gegner: im Angesicht des Leidens und der Ungerechtigkeit sei die einzige Entschuldigung des Menschen somit die, daß es ihn als verantwortliches Subjekt überhaupt nicht gebe. An *Grenzsituationen* wie Schuld, Konkupiszenz und Tod, entscheide sich der endgültige Rang eines Humanismus. Der Marxismus trete als humanistischer Welt- und Daseinsentwurf *ohne Gott* auf. Der thematische *Atheismus* sei also Voraussetzung des Marxismus. Religion als Traum vom leidfreien Glück sei nichts weiter als *mythische Seelenverzauberung* und *postmodernes Glasperlenspiel*. Da sich die

[77]Ders,ImEingBr,78ff;Zeit oh,458ff.

Theologie im Namen von Religion von der Geschichte und ihrer Spannung zwischen Politik und Mystik verabschiedet habe, sei sie zur *Erbauungspsychologie mit postmodernem Touch* verkommen.[78] Der unterschwellig grassierende *Wille zur Unschuld* erweise sich als systematische Verdrängung des Subjekts und der Religion. Langeweile sei ihr Eschaton, Planungsgläubigkeit ihr Mythos, die Abschaffung der Welt als Widerstand, um diese nicht mehr erleben zu müssen, das verschwiegene Interesse ihrer Rationalität. Religion gebe sich nur noch als *kompensatorischer Freizeitmythos*, zur *dionysischen Glücksgewinnung* und *Beruhigung vagabundierender Ängste*, als *mythische Seelenverzauberung* und *psychologisch-ästhetische Unschuldsvermutung* in neu aufkeimenden *Seelenwanderungs- und Reinkarnationsphantasien*. Der Prophet dieser Religion sei *Nietzsche*, der mit dem *Tod Gottes* auch den *des Subjekts* und *der Geschichte* behauptet habe. Bereits er habe von dem Sturz der von der Ewigkeit losgeketteten Geschichte, in eine *anonyme Evolution*, in ein leeres, überraschungsfreies, ins Unendliche wachsendes *Kontinuum* gesprochen.[79]

II. Positiventwurf

Den Begriff der politischen Theologie möchte Metz im Sinne einer *komplementären Korrektur* theologischer Einseitigkeiten im doppelten Sinne verstanden wissen: *kritisch* als Korrektiv gegen die Privatisierungstendenz in der gegenwärtigen Theologie, *positiv* als Versuch, die *eschatologische Botschaft* unter den Bedingungen unserer gegenwärtigen Gesellschaft zu formulieren und das theologische Bewußtsein für sein gesellschaftskritische Aufgabe zu mobilisieren *(theologische Ziele* [I]*)*. Metz´ Intention gilt der *Überbrückung* der neuzeitlichen Trennung von Kirche und Gesellschaft *(kirchlich-gesellschaftliche Ziele* [II]*)*.

---

[78]Ders.,Theodizee,83;Fehlt uns,20f.
[79]Cf. ders., Wohin?,201.204.206ff.

1. Theologische Ziele

a) Aufklärung: Metz weiß sich dem Bemühen um *Aufklärung der Aufklärung* verpflichtet. Der Wandel der politischen Kategorie in der Aufklärung erlaubt ihm eine neue, kritische Form der Verbindung von politisch und theologisch, da politische Ordnung in der Aufklärung als Freiheitsordnung manifest wurde. Zur Lösung innerkirchlicher Probleme und Neubestimmung zu Wissenschaft, Gesellschaft und Politik gebe es nur den Weg der Fortsetzung des Aufklärungsprozesses. Die Theologie sei durch die Krisen des Marxismus, der Dritten Welt und der Armen herausgefordert: angesichts des *Endes ihrer geschichtlichen und sozialen Unschuld*, ihres kulturellen Monozentrismus und der situations- und subjektlosen Systematik. Gegen das konservativ-neuscholastische und das transzendental-idealistische Paradigma setzt Metz das *nachidealistisch-befreiende Paradigma* der neuen politischen Theologie. Jeder Gedanke, der nicht die Aufklärung berücksichtigt, gilt als vorkritische Reflexion erster Ordnung, jeder sie berücksichtigende Gedanke hingegen als *nachkritische* zweiter Ordnung.[80] b) Theologie nach Auschwitz: Durch die Katastrophe von *Auschwitz* lernte Metz, daß die Zeit situations- und subjektloser Theologiesysteme vorbei sein und Theologie den Schrei der Opfer von Auschwitz unvergessen machen müsse. Nach dem *Holocaust* verliere politische Theologie ohne jüdische Positionsbestimmungen ihre Maßgabe. *Theologie nach Auschwitz*, Blick auf verdrängtes jüdisches Erbe, Auseinandersetzung mit Bloch und der Frankfurter Schule und das Vatikanum II sind ihm von besonderer Bedeutung. Sein *Anti-Idealismus* und seine *Anti-Mythologie* sind durch das Judentum geprägt. c) Memoria Passionis: Als *roter Faden* seines biographischen Wegs kann die gesellschaftskritisch dramatisierte *Theodizeefrage*, also die memoria passionis gelten. Die Schwerpunkte von *Memoria-These* und *solidarischer Nachfolge* verbindet Metz im Begriff der *anamnetischen Solidarität*. Kultur sei angehäuftes *Leidensgedächtnis, nicht preisgegebene memoria passionis*. Der *Dialog der Religionen und Kulturen* stehe

[80]Cf. Gutiérrez,209; Wacker,223.

unter dem Kriterium der memoria passionis. Das Eingedenken und Versprachlichen fremden Leids gelte als Wahrheitskriterium des Dialogs, Schmerz und das Leid in der Welt seien *sensibel wahrzunehmen*, ohne dabei einer Leidensromantik zu verfallen. Christlicher Glaube lebe aus der *memoria Jesu Christi.* Modernen Zynikern politischer und technokratischer Macht stelle sich das *Gedächtnis Jesu Christi* entgegen: Gottes Herrschaft ist für Metz ja gerade dadurch befreiend, daß sie nicht aus geschichtlichen, gesellschaftlichen oder psychologischen Zwängen abgeleitet werden könne, sondern weil sie sich auf die *Autorität des ohnmächtigen Jesus* beziehe, dessen *Leiden politisch* gewesen sei. Theorie der Glaubenspraxis, die Gottes Wirklich- und Gerechtigkeit verteidige, sei Theodizee.[81] d) Erinnerung: Dem Vergessen des Vergessens, der Herrschaft einer beginn- und endlosen Zeit sei zu widerstehen. *Anamnetische Vernunft* sei von einem *Leidensapriori* geleitet. Das *ethische Axiom* vom *Eingedenken fremden Leids* sei von höchster politischer Brisanz. Erinnerung sei Bedingung der *Vergebung*, Vergebung die Hoffnung der Erinnerung auf *radikalen Neubeginn.* Es gelte, die christliche Erinnerung *radikal zu revolutionieren*, damit sie erneut von einer beschwichtigenden zu einer gefährlich-befreienden werde. Als *memoria passionis, mortis et resurrectionis Jesu Christi* habe sie den Schmerz des ungeduldigen Verzagens und geduldigen Ausharrens an sich. In *israelitisch-biblischen Traditionen* gebe es das Angebot historischer Erinnerung als *thinking as memory.*[82] Es fehle dem Christentum der *jüdische Geist* der *Erinnerung* und des *Eingedenkens* und seine *anamnetische Kultur.* Ohne *fundamental memorativ-narrative Soteriologie* bleibe universale Emanzipationstheorie irrationalem Schuldverdrängungs- und Entschuldigungsmechanismus unterworfen. Christen müßten Träger des *Gottesgedächtnisses* sein. Es bedürfe eines gesellschaftskritisch wachen Christentums als *Erinnerungs- und Erzählgemeinschaft.* Der *Glaube als Erinnerung* mache frei zu Kontemplation,

---

[81]Janssen,180f;Meesmann,Gott,27.
[82]Metz,Zwischen,31f;Suffering,282.

Mitleid, Alter und Solidarität. Der *endzeitliche Aspekt* des Gedächtnisses halte die Erinnerung an die Gottheit Gottes und die Freiheit seiner kommenden Herrschaft wach.[83] e) Geschichte: Dem geschichtslosen, hellenistisch-griechischen Dualismus stellt Metz das *jüdisch-christliche Geschichtsdenken* gegenüber. Im Horizont befristeter Zeit werde Welt zur *Geschichtswelt*, zum Auftakt geschichtlichen Bewußtseins. Wie der Mensch *nur einen finis naturalis et supernaturalis* habe, ließen sich auch Geschichte und Heilsgeschichte nicht adäquat trennen. Die Alternative Immanenz-Transzendenz weist Metz als klassisch-naturmetaphysischen Begriff zurück. Die Heilsgeschichte solle jene Weltgeschichte sein, in der besiegt-vergessenen Daseinsmöglichkeiten ein Sinn in Aussicht gestellt werde. Der Mensch finde nur geschichtlich zu sich selbst und müsse in die Geschichte hineinhorchen. Dem gläubigen Dasein entspreche die Gründung auf ein geschichtlich ergangenes Wort Gottes.[84] Das Verständnis von *Welt als Geschichte* sei selbst im biblischen Verheißungsglauben fundiert. Metz hebt die *tiefe Diesseitigkeit* Israels hervor. Glaube und Geschichte verbänden sich in der Fähigkeit, *gefährdete Identität* bejahend zu leben. Metz behauptet die *Einheit von natürlicher und übernatürlicher, von Profan- und Heilsgeschichte* und somit den endzeitlichen Horizont der Geschichte, in die der Menschensohn wiederkommen solle. Die Heilsgeschichte sei die Weltgeschichte in ihrer bedrohten, aber unzerstörbaren Hoffnung auf die *universale Gottesgerechtigkeit*, die auch die Leiden der Toten einschließe. Der *Marxismus* entfalte das Grundthema des Christentums, indem er die Entdeckung der Welt als Geschichte und historisches Projekt und der Menschen als Subjekte ihrer Geschichte ausspreche. Im Vergleich zu allen anderen großen Weltreligionen sei *Geschichte das Spezifikum jüdisch-christlicher Religion.* Angesichts der marxistischen Herausforderung versteht sich für Metz somit neue politische Theologie als *Theologie der Geschichte* in praktisch-kritischer Absicht, wobei die *Hoffnung*

---

[83]Z.B. ders., Glaube als,31.35ff
[84]Cf.ders.,Bem,305f;VwRahner,10.

christlichen Glaubens sich vor einem betont operativ ausgerichtet-zukunftsorientierten Weltverhältnis zu verantworten habe. Glaube müsse sich auf die *konkrete Geschichte dieser Welt* beziehen und am *Streit um die eine Welt* beteiligen; denn Jesu Kreuz stehe weder im *privatissimum* des Individualismus, noch im *sanctissimum* der Religiosität, sondern im *profanum der Welt*, ihr zum Ärgernis, zur Torheit und zur Verheißung. [85] f) Unterbrechung: Metz´ kürzeste Definition von Religion lautet: *Unterbrechung*. Biblisch motivierte *Apokalyptiker* trauten der Zeit, im Wissen um ihr Ende. In einer Zeit der Identitätsangst und des Kultes unbegrenzten Experimentierens, komme der *biblischen Rede von der befristeten Zeit* entscheidende und befreiende Bedeutung zu. *Gott* sei als *Menschheitsthema* ein Thema der Vernunft und Theologie gehöre als öffentliche und politische Wissenschaft an die Universität. Apokalyptik sei zu verstehen als *Temporalisierungsprogramm*, als Ansatz zur *Verzeitlichung* der Welt im Horizont *befristeter Zeit*, *Zeitansage* als Sinn und Auftrag der Apokalyptiker und biblische Botschaft als *Zeitbotschaft vom Ende der Zeit*. *Auferweckung der Toten* wirke als *Provokation*, da sie den Kreislauf der Weltzeit durchbreche und dieser aktiv ein Ende setze. Das *Gebet* betrachtet Metz als Ort des *Auf- und Widerstands* gegen die gnadenlose, apathisch machende Kontinuität, als Ort der *Unterbrechung*. Die Mystik des Betens enthalte eine konkrete Wendung in die gesellschaftliche und politische Verantwortung und sei von höchstem religiösen Belang.[86] g) Zukunft: Die *geschichtlich engagierte Zukunftserfahrung* zeige sich als möglicher Ort konkreter Transzendenzerfahrung. Das *Humanum* bleibe sich immer ein *Futurum*. Christlich glauben heiße, der *Zukunft* als *Ankunft des größeren Gottesgeheimnisses* zu trauen. Es geschehe eine *Enteignung in die Zukunft*. Zeit sei so zu besprechen, daß das Gottesgedächtnis biblischer Traditionen in ihr eine Zukunft habe. Im *Streit* der Kontrahenten Technik und Politik *um die Zukunft* müßten sich Theologie und Politik gegen Technologie verbünden.[87] Die

[85]Metz,Wille,128;Der Kampf,86.89.
[86]Metz/Rahner, Ermutigung,28ff.
[87]Metz,Gott vor,235ff;Der zuk.,262.

verheißene Zukunft Gottes als *finis ultimus* des Menschen sei *diesseitig* in der einen Geschichte *vor uns* zu verstehen. Metz betont die Armut unseres Wissens um die Zukunft, die *Rahnersche docta ignorantia futuri*, das *Geheimnis der absoluten Zukunft Gottes.* Er unternimmt den Versuch, eschatologisch verstandene absolute *Zukunft* an der offen bleibenden innerweltlichen Zukunft menschlicher Gesellschaft *kritisch zu vermitteln.* Er begründet politische Theologie vom *eschatologischen Gehalt christlicher Botschaft* her.[88] Der Verheißungsglaube müsse immer *negative Theologie der Zukunft* bei sich haben. Christliche Eschatologie sei als produktive und kämpferische zu verstehen. Man müsse einem Christentum, das durch keine politische Macht endgültig repräsentiert werden könne ins Antlitz schauen, wenn man von der Zukunftsfähigkeit der Menschheit reden wolle. Politische Theologie sei *Theologie der Realität*, welche die Wirklichkeit Gottes und die der Welt nicht trenne; die *Fundamentaltheologie* neuen Stiles nehme die irdische Zukunftsplanung als neuen Verständigungshorizont des modernen Menschen ernst.[89] h) Apologie: Metz konstatiert einen Wandel im Adressaten der Glaubensverantwortung. Zu der *apologia ad extra* gegenüber Nicht- oder Andersgläubigen müsse die *apologia ad intra* der Glaubenshoffnung gegenüber den Gläubigen selbst treten. Metz bezeichnet sich selbst als unbelehrbaren *Apologeten* traditionellen Zuschnitts und seine Theologie als *nachidealistische Apologie.* Seine Fragestellung ist *fundamentaltheologisch* im Sinne *apologetisch-ideologiekritischer* Verantwortung des Glaubens und *hermeneutischer Vermittlung* mit der Neuzeit. Er versucht der theologia naturalis und ihrer *Rechtfertigung Gottes* neue Plausibilität zu verschaffen. Die *Versöhnung* von Lehre und Leben, System und Erfahrung, Doxo- und Biographie, Dogmatik und Mystik solle selbst zur öffentlichen, kommunikablen, geschichtlich belangvollen Theologie werden.[90]

---

[88]Rahner,DieFr,265,A16;Yun,56.
[89]Vgl. Geffré, Zur neueren,119f.
[90]Ancic,281;Peters,DiePräs,91,A1.

2. Kirchlich-gesellschaftliche Ziele

a) Säkularisation: Sein Entwurf der neuen politischen Theologie setzt an als *Verantwortung des Glaubens* in epochal gewandelten Verhältnissen und gesellschaftlichen Prozessen, wie Aufklärung, Säkularisation und Emanzipation. Von Marx lernt er die Absage jeder gesellschaftlichen Unschuld oder Religionsneutralität und das Bedenken ideologischer Zusammenhänge von Interesse und Erkenntnis. Metz ist mehr an den Synoptikern als an paulinischen Traditionen orientiert, an einem Programm der *Entprivatisierung* gerade strikter Verinnerlichung christlichen Heils und der Vermeidung einer unkritischen Versöhnung des Christentums mit vorgegebenen politischen Mächten. Die neuzeitliche Geschichte der *Säkularisation* interpretiert Metz weder als Abfalls- noch als Wirkungs-, sondern als *Erfüllungsgeschichte* des Christentums. Die beiden Auffassungen der historischen Diskontinuität zwischen Neuzeit und Christentum und die der lautlosen Atrophie des religiösen Bewußtseins lehnt er ab.[91] b) Hominisierung: Der Prozeß *wachsenden Weltlichwerdens* der Welt sei geleitet vom Verständnis der Welt als entstehender Geschichtswelt unter dem *Primat der Zukunft*, Welt sei Sache des Menschen, der seine Angelegenheiten selbst ordne und in Freiheitsgewahrsam und *politische Verantwortung* nehme. Welt sei als *hominisierte Welt* um der menschlichen Freiheit willen da und müsse als *Werde-Welt* ihr eigenes Antlitz gewinnen.[92] Im Evangelium seien zwei Stränge der *individualistisch-liberalistischen* und die der *sozialistischen Freiheitsgewinnung* erkennbar: Freiheit meine *Seinsfreiheit*, Vermögen zur *Ganzheit* und *Endgültigkeit* menschlichen Daseins.[93] Der Paradigmenwechsel sei also der von dem bisher prägenden Paradigma *Freiheit* zum *neuen Paradigma* der *Befreiung*. Die theologische Rede von der *Befreiung* werde vertieft auf die komplexe Spannung zwischen politischer und ethnisch-kultureller Dimension. Das Verhältnis zwischen Glaube und Welt läßt sich dabei für Metz theologisch als *schöpfe-*

---

[91]Metz,Gl. in,47.134;"PT"als,109.
[92]Ders.,Vw.Gut,XI;DieZuk.53.56.
[93]Ders.,Unt,71ff;Freiheit,289ff.

risch-kritische Eschatologie bestimmen, die als *Theologie der Welt* gleichzeitig politische Theologie sein müsse. Theologie der Welt mache die Nichtgöttlichkeit der Welt sichtbar und gebe sie *frei* für menschlich-politisches Handeln, philosophisches Denken, Säkularisation und Vernunft. Als *homo manipulator* erfahre er nicht nur gesellschaftlisches und politisches Schicksal, sondern entwerfe soziale und politische Systeme selbst. Wer Planung durchsetzen wolle, müsse *politisch handeln* und sich selbst oder seinen Plan an die Stelle befördern, an denen Entscheidungen fallen.[94] c) Revolution: Die großen sozialen, ökonomischen und ökologischen Fragen könnten nur noch in einer *anthropologischen Revolution* gelöst werden. Die neue politische Theologie sucht durch gesellschaftsbezogene Reflexion die unkontrollierte Aufladung und Identifizierung von Theologie und Kirche mit politischen Ideologien zu verhindern und ist als spezifisch christliche Hermeneutik einer *politischen Ethik als Veränderungsethik. Revolution* sei nicht Fortschritt oder Evolution, sondern *Widerstand dagegen, daß es so weitergehe*, also Unterbrechung. In der anthropologischen Revolution gehe es um *Befreiung von Reichtum, Wohlstand, Konsum, Wunschpraxis und Unschuldswahn.* Es gebe nur den Weg über eine gesellschaftlich-gesamtkirchliche, weltpolitische *Umorientierung.* Einziger Ausweg seien *radikale Änderung von Bewußtsein und Gesellschaft.* Er bezeichnet die politische Theologie als *theologische Linke.* Metz zögert in der Gewaltfrage, hält die Revolution aber fallweise für Pflicht. Politisch bedeutet dies für Metz die Forderung nach einer *sozialistischen Inspiration politischen Gewissens* (wobei für ihn in der mitteleuropäischen Gesellschaft eine *sozialistische Politik* nur auf demokratischem Weg, in Gestalt eines *demokratischen Sozialismus* vorstellbar ist).[95] d) Konvivialität: Ethischkultureller *Polyzentrismus* sei möglich, wenn die Kirche, die *reale Weltkirche* werden wolle, Grundzüge biblischen Erbes europäisch-abendländischer Geschichte erinnere: *Freiheit und Gerechtigkeit für alle* und *Anerkennung der*

[94]Ders.,Reink,379;DieVerant,249ff.
[95]Ders.,Br,61;Ctum106;Hannsler,73

Anderen in ihrem Anderssein, ethisch-kultureller Pluralität. Metz gliedert die Kirchengeschichte in die drei Epochen der Gründung des Judenchristentums, der Entfaltung des Heidenchristentums und des *Polyzentrismus des Weltchristentums.* Es sei eine Zeit *konstitutionellen Pluralismus* der Kulturen, Religionen und Weltanschauungen, in der Probleme nur über *Politik und politische Ethik* besprochen werden könnten.[96] Im Übergang von der zweiten zur dritten Epoche der Kirchengeschichte müsse die Kirche die *kommunikative Kraft* ihrer Aussage- und Argumentationsweise prüfen und *Brückenkategorien* einer verheißungsvollen, *zwischenkulturellen Vermittlung* entfalten. Es gelte, Abschied zu nehmen vom Eurozentrismus, von gesellschaftlich-politischer und geschichtlicher Unschuld. Urbiblische Verhaltensimperative für eine *Ethik der Konvivialität*, des *multikulturellen Zusammenlebens* seien *wach-geöffnete Augen*, das *Bilderverbot* und die *Achtung der Fremden.*[97] Das Anerkennungsdenken müsse die Spannung zwischen der *Authentizität der Kulturwelten* und dem traditionell europäischen *Universalismus der Menschenrechte* aushalten. Wenn es dem Christentum gelinge, die Probleme des eigenen Pluralismus zu lösen, sei damit auch ein Modell zur Verbindung von Pluralität und geistiger Einheit für den politischen Bereich geschaffen.[98] Von Anbeginn enthalte das Christentum ein *multikulturelles Experiment.* Metz regt an, die *Tiefendimensionen europäischer Kultur* insoweit zu achten, als sie in *biblische Traditionen* zurückreichen. Im Pluralismus heutiger Weltauslegung könne das Christentum als partikulare Größe seinen Absolutheits- und Universalitätsanspruch *nur negativ-kritisch* zur Geltung bringen, ohne sich dem Ideologieverdacht auszusetzen. Im Pluralismus von Erkenntnisweisen und Wissenschaftsformen empfehle sich *Theologie als interdisziplinäre Kooperationsgemeinschaft.* Es gehe um das hermeneutische Grundlagenproblem, den *universalen Anspruch* christlicher Botschaft *unter neuzeitlichen Bedingungen* zur Sprache und Geltung zu bringen. In der Aufrechterhaltung gerade die-

[96]Metz,Th.im,126ff,A30;DasChr,81
[97]Ders.,Christl,136;Europa,98ff.
[98]Ders.,Mes.,19;Pannenberg,246.

ses *Universalismus* liege die Zukunft humaner Welt. Theologen seien die *letzten Universalisten* in der hochdifferenzierten Welt der Naturwissenschaften und Disziplinen und daher *somewhat out of date.*[99] e) Nachfolge: In der kirchlichen Krisensituation bedürfe es neben Amts-, Leitungs- und Argumentationskompetenz, vor allem der *religiösen Kompetenz radikaler Nachfolge.* Somit sei *Nachfolge* einerseits Akt bloßer Innerlichkeit und andererseits ausschließlich regulative Idee, humanistisch-politisches Konzept. Nachfolge Jesu habe in der *Option für den Geringsten* unteilbar eine mystisch-situative, praktisch-politische Struktur, in *mystisch-politischer Nachfolge-Armut* gelte es die Ebene zu wechseln, *arm zu werden* und mit den Armen fromm zu sein. In Nachfolge, Radikalität, Ungeteiltheit, Maßlosigkeit, Einseitigkeit, Kaum-Lebbarkeit, Kompromißlosigkeit des Evangeliums sieht Metz das Wesen der *Orden. Gotteszeugenschaft* sei, da sie an der Rettung vergangener, ungesühnter Leiden interessiert sei, mystisch und, weil sie dieses Interesse an ungeteilter Gerechtigkeit unter gegenwärtig Lebenden verpflichte, politisch. Mit der Formel der *Orthopraxie* begründet Metz eine neue Hermeneutik des Gottesbegriffs. Es gebe prophetische Angebote solidarischen Subjektseins und einer Verbindung von Befreiung und Erlösung, Freiheits- und Gnadenerfahrung, Politik und Mystik.[100] *Propheten* seien *heimatlos,* bewegten sich in einem *Niemandsland* und wagten sich von ihrer vertrauten Heimat los, ohne die Gegenwart in Zuhandenheit einzuengen und die Zukunft vom Maß verplanter Durchschaubarkeit her zu betrachten. Metz versucht die *Zeichen der Zeit* zu erkennen, zum raschen Handeln zu motivieren, das Gespür für die *Urgenz der Stunde* zu wecken und Verantwortung zu begründen. Solidarität entstehe in mystisch-politischer Doppelstruktur als Kategorie der *Rettung des Subjekts*, wo dieses durch Unterdrückung, Vergessen oder Tode bedroht sei, als Kategorie für den Menschen, Subjekt zu werden und zu bleiben. Der Apathie setzt Metz mystisch das *Maranatha* der Bibel und politisch die *praktische*

[99]Metz, Zu einer,21;The last,48.51.
[100]Ders.,Wenn,114ff.;Zur Präs.,15f

Solidarität mit den geringsten Brüdern entgegen. Die *Evangelischen Räte* der *Armut*, der *Ehelosigkeit* und des *Gehorsams* seien Einweisungen in Nachfolge und mystisch-politische Doppelstruktur: Armut sei Protest gegen die Diktatur des Habens, Besitzens und Selbstbehauptens und dränge in praktische Solidarität mit Armen, deren Lebenssituation und gesellschaftlicher Zumutung; Ehelosigkeit sei Ausdruck radikaler Ergriffenheit und dränge in helfende Solidarität mit Einsamen, Erwartungslosen und Resignierten; Gehorsam sei radikale Lebensauslieferung an Gott und dränge in praktische Nähe zu Unterdrückten, Bevormundeten und Entmündigten. Das tradierte Leidensgedächtnis brauche Hörer, wie die Nachfolge den *Gehorsam*. Der zu überwindenden beruhigten Gestalt bürgerlicher Religion müsse ein *Nachfolgechristentum* an der Seite derer folgen, die die Privilegierten bei Jesus waren.[101] f) Autorität der Leidenden: Das Christentum habe als Erinnerungs- und Erzählgemeinschaft in der Nachfolge Jesu begonnen, dessen *erster Blick fremdem Leid* gegolten habe. Die Zukunft der europäischen Moderne und die Anerkennung der Würde fremder Kulturwelten hänge an der Rettung eines *kulturellen Gedächtnisses*, am Eingedenken fremden Leids. Bedingung aller großen Kultur sei *Respekt fremden Leids*. Die Autorität des richtenden Gottes manifestiere sich allein in der *Autorität der Leidenden*, Moral und Zukunft europäischer Moderne hingen an der *Anerkennung fremder Kulturwelten*. Fremdes Leid *zur Sprache zu bringen* sei Bedingung aller großen Kultur und universalistischer Ansprüche. Der Wahrheits- und Sendungsanspruch des Christentums sei zu verbinden mit einer *Kultur der Empfindlichkeit*. Es gelte, die Züge des *schwachen, leidempfindlichen Monotheismus* in den Traditionen aller drei großen monotheistischen Religionen anzurufen und einzuklagen, bei Juden, Christen und Muslimen. *Compassion* als *Mitleidenschaftlichkeit* oder *elementare Leidempfindlichkeit* sei *biblische Mitgift* für den europäischen Geist, wie theoretische Neugierde die griechische und Rechtsdenken die römische Mitgift ist. Im *Weltprogramm des Christentums* erklärt Metz den *Widerstand ge-*

[101]Ders,Témoign,341;Ein Dialog,18.

gen ungerechtes Leiden zur zentralen Dimension für eine universell *gültige Ethik* und Religiosität.[102] g) Institution Kirche: Seine früheste Bestimmung der Kirche ist die der *Institution gesellschaftskritischer Freiheit des Glaubens.* Er will die Kirchen nicht politisieren, sondern deren politische Bindungen bewußt machen.[103] Die Kirche ist nach Metz jene Institution, die menschlicher *Verabsolutierung* von Institutionen entgegenwirken kann, da sie um die Nichtidentifizierbarkeit eines Systems mit Verheißungen weiß. Der Unterscheidung von Kirche und Christentum entspreche die von politischer Theologie und Ethik. Er fordert eine entprivatisierte, öffentliche Gestalt der Glaubensverkündigung und -realisierung und eine institutionalisierte, aus dem eschatologischen Vorbehalt des Christentums erfließende kirchliche Gesellschaftskritik.[104] Es geht Metz nicht nur um die vom Evangelium her gewonnene je individuelle Mündigkeit, sondern auch um die *kritische Mündigkeit der Institution Kirche* selbst und um ein neues Verhältnis der katholischen Kirche zur modernen Welt. Er spricht sich für die Aufnahme des Institutionsgedankens in die politische Theologie aus.[105] Aus sich selbst reproduzierenden Religionsanstalten, aus gesellschaftlichen Klubs mit Eigeninteressen müßten die Kirchen zu *Institutionen gesellschaftskritischer Freiheit* werden.[106] Auftrag der Kirche sei es, *Heimat der Hoffnung* auf den Gott der Lebenden und der Toten zu sein, der alle Menschen ins *Subjektsein* vor sein Angesicht rufe. Kirche müsse sich bewähren als *öffentliche Zeugin und Tradentin einer gefährlichen Freiheitserinnerung* in den Systemen emanzipatorischer Gesellschaft. Metz entfaltet die Kirche als *Erinnerungs-, Erzähl-, Tisch-, Nachfolge- und Hoffnungsgemeinschaft.* Im Schnittpunkt zwischen reichen und armen Ländern müsse sie zur *unerschrockenen Lobby für die Armen,* deren Mitspracherecht und Gleichheit, und gegen die Herrschenden werden. Kirche brauche Vorbild, Anstoß und kritisch-prophetische Korrektur aus *kommunitärer Praxis.* Diese habe eine

---

[102]Ders.,ZumB,120ff;Pawlowski,24f.
[103]Metz,VwGan,5;Moltmann,Neu,42
[104]Rendtorff,Pol.Eth,218;Schmitt,26.
[105]S. Böckle,184;Strunk,312, Anm.8.
[106]Z.B.Moltmann,Pol.Theol.als,137.

mystische und eine praktisch-politische Doppelstruktur, deren Komponenten gleichsinnig proportional in ihrer Radikalität wüchsen. Die Erfahrung des *nahekommenden Reiches* habe gegenüber der bestehenden Welt etwas Befreiendes und Herausforderndes an sich. Die sichtbare Kirche bleibe nur als *gefährlich-befreiende Tradentin der Freiheit Christi* die *unsichtbare Kirche seines Geistes.*[107] h) Zweite Reformation: Im heutigen Christentum gebe es einen *neuen reformatorischen Aufbruch*, die Anzeichen einer *Zweiten Reformation*, den Aufbruch einer *mystisch-politischen Basiskirche* und darin einer neuen Form theologischer Lizenz und Identität; dies könne als *pfingstliches Gesamtkirchenereignis* bezeichnet werden. Jesu *Verbindung von Geist und Politik* habe bei den Armen und Kleinen angesetzt. Der *Geist Christi* bleibe gefährlich für Welt und Kirche.[108] Nach dem *ersten Mut zum Nonkonformismus*, brauchten die Reformer nun den *zweiten Mut zur Solidarität.* Die *Reform* müsse der Kirche im Kampf um die Zukunft eine *Stimme geben* gegen Beschleunigungsgesellschaft, kulturelle Amnesie und Orientierungslosigkeit in einer extrem individualisierten Welt. Eine *wirkliche Kirchenreform* könne niemals allein eine Reform der Kirche sein. Die *Zweite Reformation* sei die eigentliche *Reformation von unten*, die *Basisreformation.* Der Übergang von der bürgerlichen zur *nachbürgerlichen, nachkapitalistischen Welt* gelinge dem Christentum nur in der Zweiten Reformation, durch das *zweite Essen vom Baum der reformatorischen Erkenntnis.* Reformation als Wiederherstellung ursprünglicher Verhältnisse spreche von *Heimkehr der Gnade* in die *Sinne*, in die *Freiheit* und in die *Politik.* Metz fordert auf, auf die *Initiative des Geistes* zu vertrauen.[109] i) Ökumene: Die *ökumenische Hermeneutik* des Evangeliums solle eine *politische* sein, insofern sie die *eine Botschaft* in verschiedenen Bekenntnisformeln gefährlich-befreiend einbringe. Elemente *ökumenisch-relevanter Reform* seien die proklamierte Religionsfreiheit, die Kirche als pilgerndes Gottesvolk und die eschatologische Differenz zwischen Kirche und

[107]Metz,Im Eing.Bas.,6ff;Ki.Aut.,69.
[108]Ders.,Befr,5.12ff;DieLizenz,266ff.
[109]Ders.,Zeit d.Kir,86ff;Der Gl,129ff.

Reich Gottes. Hier zeichne sich eine *radikale ökumenische Verständigungsmöglichkeit* ab, indem sich katholische Theologie auf das christliche Apriori neuzeitlichen Denkens besinne und protestantische Theologie die theologischen Wurzeln zurückverfolgen lerne zum einfältig geschichtlichen Ursprung. Metz fordert den *Mut zu kirchlich-sozialen Konsequenzen*; ebenso den *originären Austausch* und die *gegenseitige Entwicklungshilfe* in Theologie und kirchlichem Leben zwischen europäischer und außereuropäischer Theologie.[110]

C. Abschließende Auswertung

Mir gefällt Metz´ theologischer Ansatz durchaus. Gerade in seiner gesellschaftskritischen Argumentationsweise ist er sehr sympathisch. Er beweist, daß man theologische Antriebe auch aus gesellschaftlichen Bedürfnissen erhalten kann. Seine politische Theologie bleibt jedoch die Auskunft über ihren gesellschaftstheoretischen Bezugsrahmen schuldig.[111] Ebenso frage ich mich, ob innerhalb seines `Konzepts´ die von ihm beschriebene Hoffnung nicht ein wenig zu kurz kommt. Ich verstehe sehr wohl, daß er die Zeitsituation korrektivisch überzeichnet, fast schon karikiert, und daher die Negativität übertont, doch gerade in der `Leidens-Thematik´ hinterläßt er einen allzu leidenden Eindruck. In der Rede von der memoria Christi ist die memoria passionis enorm überbetont und die memoria resurrectionis absolut vernachlässigt. Metz ist ein klares Beispiel für den *Kampf gegen diese Zeit*, für die Erinnerung gegen das Vergessen, für das Gedenken als beunruhigenden Begleiter der zeitgenössischen Theologie. Er beweist eine ungeheure *Sensibilität* für das, was theologisch anliegt. Aber auch die gegen ihn erhobene Kritik der Selbstdarstellung ist gut nachvollziehbar: Es wird ihm vorgeworfen, die Auswahl hehrer *Programmworte* laufe Gefahr, zu theologischen Plakaten mit *Alibi-Funktion* zu degenerieren; *Gotteskrise als Schlagwort* diene seiner

[110] Ders.,So,55.61;Reform,24ff.42.
[111] Rahner, Zum,56;Arens,148f.

kirchlichen Karriere und verhelfe ihm, wieder von sich reden zu machen.[112] Zu erwähnen ist sein bürgerlich *gut bezahltes* Professorendasein innerhalb des Systems bürgerlicher Religion. In gewisser Hinsicht scheint er sich in seiner Leidensrolle als `Mahner in der Wüste´, als `weherufender Gerichtsprophet´ zu gefallen, sich vielleicht auch zu sehr mit Christi Verlassenenheitsschrei am Kreuz zu identifizieren. Es ist fraglich, ob seine Selbstkorrekturen nicht doch auch dazu beitragen, sich wieder aktuell in Szene zu setzen. Er gebraucht oftmals Begriffe, die er inhaltlich *nicht erklärt*. Ebenso erwähnt er nicht die Autoren, deren Begriffe er übernimmt, oder die Sachzusammenhänge der Entlehnung. In gewisser Weise bleibt auch sein Begriff des `Politischen´ *unklar*.[113] Seine Schlagworte wirken bisweilen wie Allgemeinplätze, die sich auch in jeder nichtchristlichen humanistischen Weltanschauung unterbringen ließen. Insofern ist auch die gegen ihn mitunter erhobene Kritik nicht unverständlich, daß seine `politische Theologie´ nichts anderes sei, als christlich gefärbter Humanismus. Insoweit sie Motive der genuin politischen Theorie des Marxismus aufnimmt, ist sie *politikwissenschaftlich analysierbar* wie eine politische Doktrin. Die Metz´schen Abgrenzungsversuche stützen sich auf die Schule der *negativen Dialektik*, deren emanzipatorische Kritik ihren Bezugspunkt in der revolutionären *Auferstehung der gefallenen Natur* hat. Da das Politische nach Metz nicht positiv bestimmbar ist, wird politische Theologie zu einer *theologia negativa* des Politischen. Da nach Metz jede positive Aussage zur Ideologie zu führen scheint, bleibt also zu fragen, nach welchen *Maßstäben* er Gesellschaftskritik vornehmen will, ohne sie zuvor an einem positiven System, Programm oder Lehrgehalt zu messen.[114] Mit Schlagworten, wie Europa, Polyzentrismus, interkultureller und interreligiöser Dialog stellt er seine Modernität zwar außer Frage, gerät aber gleichzeitig in den Verdacht der Beliebigkeit. Indem er die Shoa und Auschwitz thematisiert, beweist er zwar Problembewußtsein und Risikofreudigkeit, doch

[112]Schlette,80;Schlens.,44;Köster,43.
[113]Mate,151;Vorgr.,186;Kehrer,126.
[114]Renz,60;Matz,10f.;Ermecke,175f.

ob er damit eine wirkliche Gedächtniskultur erreicht, steht noch aus. Für ihn ist politische Theologie weniger Material- als *Formprinzip.* Die Formalisierung des Glaubens als f*ides qua creditur* erscheint als *Versöhnungserschleichung.*[115] Politische Theologie meint *Selbsttranszendierung* christlicher Politik. Es bleibt die dringende Aufgabe der Bewußtmachung des *theoretischen* Charakters. Mir persönlich gefällt seine abstrahierende Denkweise theoretischer Zukunftsentwürfe, doch auch hier muß sich erst noch herausstellen, ob es sich um mehr, als um illusionäre Träumerei und Lamentation handelt. Persönliche Betroffenheit und Sensibilität, Aktionsbereitschaft und revolutionärer Elan tragen nicht zur Lösung gesellschaftlicher Probleme bei. Im Rahmen seiner *futurologischen Hoffnungsutopie* übersieht er die Gefahr politischer Ideologisierung bei der Konkretisierung seiner politischen Handlungsmaxime. Es scheint, als sei die Legitimierung der Neuzeit das zuvor feststehende Argumentationsziel und der theologische Ansatz somit *austauschbar.* In der Verachtung des gewöhnlich Alltäglichen stilisiert er *Neuheit* und *Kritik* zur Eigentlichkeit. Wie schon aufgrund der Gliederung deutlich wurde, scheint mir sein Konzept sehr als gegen eine Negativfolie konstruierter Positiventwurf charakterisierbar zu sein. Selbst wenn er weder Panik, Terrorismus oder Tätigkeitswut will, vernachlässigt er doch, *Apokalyptikgefahren* der Hast, Ungeduld, Schwarz-Weiß-Malerei und des *kryptogamen Dualismus* zu artikulieren. So hat seine Konzeption gewisse dialektische Züge; antinomische Begriffspaare bestimmen die *Dialektik* seiner politischen Theologie. So z.B.: privat-öffentlich, Theorie-Praxis, eschatologisch-politisch.[116] Im Prinzip macht auch *seine* politische Theologie ihre meta-privaten Aussagen über Welt, Geschichte und Gesellschaft nur auf der Basis eben seines Glaubens als Privatsache. Als Anregungen sind seine Visionen der gemeinsamen Weltverantwortung und Ökumene zu würdigen. Dementsprechend auch, daß Metz den systematischen Zusammenhang von Eschatologie und politischer Theo-

[115]Maier,"P.T.",7;Baumotte,13.15.
[116]Seifart,159;Küng,31;Seeber,31.

logie zu erarbeiten sucht, in welchem die Eschatologie Movens und Richtung auf das Reich Gottes bezeichnet und die politische Theologie die Art und Weise diese mit Inhalt zu füllen. Beharrlich entfaltet er die *kritischen* Dimensionen *eschatologischen Vorbehalts*, *memoria passionis* als Unterbrechung und Apokalyptik als Kritik bürgerlicher Religion und Gesellschaft. Indem er allerdings von Evangelium und Kirche die Funktion eines schlechten Gewissens verlangt, *sanktioniert er Kritik und Negation* und gerät möglicherweise unter *Ideologieverdacht bloßer Theorie*. Die Witterung einer *Verabsolutierungsgefahr* des Relativen bringt ihm den Abstraktionsvorwurf ein, vor radikal praktischen Konsequenzen seiner Konzeption zurückzuschrecken. Seine neue politische Theologie ist der Versuch, die christliche Botschaft unter den Bedingungen nachbürgerlicher Gesellschaft angesichts ihres sozialen und politischen Strukturwandels zu formulieren. Sie kann als *appellativ-politische* Theologie bezeichnet werden, da sie unmittelbar auf Handlung und Aktion zielt und versucht, in den politischen Bereich hineinzusprechen.[117] Es bleibt aber auch hier die Frage nach der aktiven Umsetzbarkeit und Machbarkeit im Verhältnis zur kommenden Zukunft Gottes. Nicht ausgeschlossen werden kann, daß *Gott zur Chiffre von Zukunft verflüchtigt*, da er in der *negativen Theologie* als personales Gegenüber nicht mehr artikuliert wird. Es besteht eine Gefahr des *Mißbrauchs* zum Zweck der Legitimation und Verabsolutierung relativer politischer Sachverhalte. Will eine politische Theologie *bestimmte Optionen* für die Politik verbindlich machen, setzt sie Glaubensgewißheit mit politischen Entscheidungen gleich. Damit richtet sie sich gegen demokratisches Gemeinwesen, wie gegen die Glaubensfreiheit. Es droht die Versuchung von Ideologisierung relativer politischer Forderungen. Gefährlich ist, die *Realisierbarkeit* leitender Hoffnung als gewährleistet und, im Schwinden der Differenz zwischen transzendental Eschatologischem und Geschichtlichem, *messianische Heilsgüter als Geschichtsfrüchte* zu betrachten. Das Problem der politischen Theologie ist somit das der *natürlichen*

---

[117]Metz,In,143;Hauck,158;Peu.,Z,95

Theologie.[118] Er hat sich bemüht, die Belastungen und Gefährdungen des traditionell-geprägten Begriffes der politischen Theologie aus der Anwendungsgeschichte abzustreifen und zu überwinden. Trotz aller Abgrenzungsversuche gegen die herkömmliche politische Theologie lassen sich jedoch auch Gemeinsamkeiten mit Carl Schmitt aufzeigen. So Z.B.: eine *Grundbeziehung zwischen Katholizität und Öffentlichkeit* in Abwehr von subjekt- und substanzlosem Liberalismus, macht- und raumvergessenen Theorien, zeitloser Gesten der Posthistoire und partikularistischen Perspektiven.[119] Insofern er sich als Apologet des Christentums versteht, möchte ich ihn hier mit Augustin parallelisieren: So wie Augustin gegen die Gnosis und Marcion apologisierte, apologisiert Metz gegen Evolutionismus und Nietzsche. Ich denke, seine Theologie ist nach wie vor als Fundamentaltheologie zu charakterisieren. Trotz aller Wendungen und Wenden ist er seinem alten Fach, seinem alten Lehrer, seiner geistigen Heimat durchaus treu geblieben. Die Metz´sche politische Theologie ist und bleibt ein *kritisches Korrektiv zum transzendentalen Ansatz Rahners*, der seinen theologischen Hintergrund bildet.[120] Die Quelle seines theologischen Neuansatzes hat bereits ungeahnte Wellen geschlagen. Spannend finde ich, daß seine politische Theologie als *Ansatzpunkt weiterer Vermittlungstheologien*, feministischer, schwarzer, anderer regional bestimmter, kontextueller Theologien Afrikas und Asiens, der Theologie der Befreiung und der Revolution gilt. Zu würdigen ist auch, daß er trotz eines heiklen, strittigen, \`gefährlichen´ Themas ein relativ geschlossenes System bzw. Konzept entworfen hat. Metz ist bemüht, das kritisch-dialektische Verhältnis zwischen Glauben und gesellschaftlicher Realität im Horizont eschatologischer Verheißung herauszuarbeiten. Dennoch bietet seine politische Theologie keine Möglichkeit, sie endgültig systematisch wegzuordnen oder zu verabschieden.[121] Bleibende Bedeutung besteht darin, die katholische Kir-

[118]Schüssl,105;Beney,88f;Bühler,26.
[119]Kraus,143;Rainer,89ff;Shaull,135.
[120]Lehmann,198;Metz,DenGl.,13.
[121]Moltm,Die,95;Fisch,215;Schil,11.

che von ihren Erstarrungstendenzen zu einer *auf Veränderung zielenden Glaubenspraxis* bewegt und die theologische Legitimität herausgestellt zu haben. Nach alledem wäre zu sagen, daß Metz´ Konzeption einer politischen Theologie den weitestblickenden und anregendsten Versuch der *Überwindung der Aufklärung* unter Beachtung ihrer radikalsten Kritik der Religion darstellt.[122]

III. Wissenschaftliche Hausarbeit: Die aktuelle Bedeutung von Martin Luthers Schrift „ob Kriegsleute auch in seligem Stande sein können" von 1526 für das Verständnis von „Krieg" im 21. Jahrhundert:[123]

Literaturverzeichnis:

Abkürzungen: Abkürzungen richten sich nach: Schwertner, S., Internationales Abkürzungsverzeichnis für Theologie und Grenzgebiete. Zeitschriften, Lexika, Quellenwerke mit bibliographischen Angaben, Berlin / New York 1992. A) Lutherschrift „ob Kriegsleute auch in seligem Stande sein können" (1526): Luther, M., Ob Kriegsleute auch in seligem Stande sein können (1526), in: ders., D. Martin Luthers Werke [WA], Kritische Gesamtausgabe, Bd. 19, Weimar 1897, Ss. 616-662. Ders., Zur Frage, ob man auch als Soldat in einem Gott wohlgefälligen Stande lebt (1526), in: Beintker, H. / Junghans, H. / Kirchner, H. (Hg.), Martin Luther Taschenausgabe [LTA], Auswahl in fünf Bänden, Bd. 5, Christ und Gesellschaft, bearbeitet von Hubert Kirchner, Berlin 1982, Ss. 150-193. B) Weitere Quellenschriften zu Krieg und Gewalt: Das Augsburger Bekenntnis, in: Mau, R. (Hg.), Evangelische Bekenntnisse [EB]. Bekenntnisschriften der Reformation und neuere Theologische Erklärungen, im Auftrag des Rates der EKU, Bd. 1, Bielefeld 1997, Ss. 25-97. Die Barmer

122 Schür,145;Lamb,105;Gef,Rel,130.

123 Wissenschaftliche Hausarbeit – Systematische Theologie – 1. Ausfertigung – Zweite Theologische Prüfung im Herbst 2002.

Theologische Erklärung, in: EB, s.o., Bd. 2, Ss. 255-279. Luther, M., An den christlichen Adel deutscher Nation von des christlichen Standes Besserung, in: LTA, s.o., Bd. 2, Glaube und Kirchenreform, bearbeitet von Helmar Junghans, Berlin 1984, Ss. 41-121. Ders., Aufrichtige Ermahnung an alle Christen, sich vor Aufruhr und Empörung zu hüten (1522), in: LTA, s.o., Bd. 5, Ss. 14-27. Ders., Brief an die Fürsten zu Sachsen über den Geist des Aufruhrs (1524), in: LTA, s.o., Bd. 5, Ss. 28-45. Ders., Der freie Dienst des Christen für die Obrigkeit. Predigt am Sonntag Jubilate, in: Metzger, W. (Hg.), Calwer Luther-Ausgabe [CLA], Bd. 6, Sammlung deutscher Predigten über den Weg der Kirche, Stuttgart 1977, Ss. 184-196. Ders., Die Freiheit eines Christen, in: LTA, s.o., Bd. 2, Ss. 122-145. Ders., Die weltliche Obrigkeit und die Grenzen des Gehorsams (1523), in: LTA, s.o., Bd. 5, Ss. 108-149. Ders., Ermahnung an alle Pfarrer zum Gebet für den Frieden (1539), in: LTA, s.o., Bd. 5, Ss. 194-197. Ders., Ermahnung zum Frieden, Antwort auf die Zwölf Artikel der Bauern in Schwaben (1525), in: LTA, s.o., Bd. 5, Ss. 48-75. Ders., Martin Luther an Kurfürst Friedrich und Herzog Moritz zum Streit um Wurzen (1542), in: LTA, s.o., Bd. 5, Ss. 198-204. Ders., Offener Brief zu der harten Schrift gegen die Bauern (1525), in: LTA, s.o., Bd. 5, Ss. 83-106. Ders., Zusatz: Gegen die räuberischen und mörderischen Rotten der anderen Bauern (1525), in: LTA, s.o., Bd. 5, Ss. 76-82. C) Lexikonartikel zu Krieg und Gewalt: Beestermöller, G., Art.: „Krieg", in: Lexikom für Theologie und Kirche [LThK], Bd. 6, Kirchengeschichte bis Maximianus, Freiburg / Basel / Rom / Wien 1997, Sp. 475-479. Brock, L., Art.: „Internationale Beziehungen / Politik", in: Nohlen, D. (Hg.), Wörterbuch: Staat und Politik [WSP], Bonn 1991, Ss. 253-258. Bürkle, H., Art.: „Gewalt, Gewaltlosigkeit – I. Religionsgeschichtlich", in: LThK, Bd. 4, Franca bis Hemenegild, Freiburg / Basel / Rom / Wien 1995, Sp. 609f. Delbrück, J., Art.: „Abrüstung", in: WSP, s.o., Ss. 1-3. Diegel, W., Art. „Krieg", in: Lexikonredaktion des Bibliographischen Instituts (Hg.), Meyers Großes Taschenlexikon in 24 Bänden, Bd. 12, Klas – Las, Mannheim 1983, Ss. 217-219. Dolzer, R., Art.: „Internationales Recht / Völkerrecht", in: WSP, s.o., Ss.

263-267. Eickmeier, A., Art.: „Gewalt, Gewaltlosigkeit – IV. Religionspädagogisch“, in: LThK, Bd. 4, Sp. 614f. Gantzel, K. J., Art.: „Krieg“, in: WSP, s.o., Ss. 327-330. Gillner, M., Art.: „Kriegsdienstverweigerung“, in: LThK, Bd. 6, s.o., Sp. 479. Grube, A., Art.: „Kriegsdienstverweigerung – I. Rechtlich“, in: Betz, H. D., u.a. (Hg.), Religion in Geschichte und Gegenwart [RGG]. Handwörterbuch für Theologie und Religionswissenschaft, Bd. 4, I – K, Tübingen 2001, Sp. 1772. Haag, E., Art.: „Gewalt, Gewaltlosigkeit – II. Biblisch“, in: LThK, Bd. 4, s.o., Sp. 610f. Hegermann, H., Art.: „Krieg – III. Neues Testament“, in: Müller, G. (Hg.), Theologische Realenzyklopädie [TRE], Bd. XX, Kreuzzüge – Leo XIII., Berlin 1996, Ss. 25-28. Hennig, M., Art.: „Kriegsdienstverweigerung – III. Praktisch-theologisch“, in: RGG, Bd. 4, Sp. 1773f. Holmberg, B., Art.: „Krieg – V. Neues Testament“, in: RGG, Bd. 4, s.o., Sp. 1769f. Ifensee, J., Art.: „Gewaltmonopol, staatliches“, in: LThK, Bd. 4, s.o., Sp. 616f. Jahn, E., Art.: „Frieden“, in: WSP, s.o., Ss. 161-164. Ders., Art.: „Friedensforschung“, in: WSP, s.o., Ss. 164-166. Kersting, W., Art.: „Gewalt – II. Philosophisch“, in: RGG, s.o., Bd. 3, F – H, Tübingen 2000, Sp. 883. Knapp, M., Art.: „Vereinte Nationen“, in: WSP, s.o., Ss. 733-738. Korff, W., Art.: „Gewalt, Gewaltlosigkeit – III. Theologisch-ethisch“, in: LThK, Bd. 4, s.o., Sp. 611-614. Lienemann, W., Art.: „Gewalt – I. Anthropologisch“, in: RGG, Bd. 3, s.o., Sp. 882f. Ders., Art.: „Gewalt – III. Politisch“, in: RGG, Bd. 3, s.o., Sp. 883f. Missalla, H., Art.: „Kriegspredigt“, in: LThK, Bd. 6, s.o., Sp. 480. Moser, M., Art.: „Gewalt / Gewaltlosigkeit – II. Praktisch-theologisch“, in: TRE, s.o., Bd. XIII, Gesellschaft / Gesellschaft und Christentum VI – Gottesbeweise, Berlin 1989, Ss. 178-184. Münkler, H., Art.: „Widerstand“, in: WSP, s.o., Ss. 790-792. Otto, E., Art.: „Gewaltlosigkeit – I. Biblisch“, in: RGG, Bd. 3, s.o., Sp. 887f. Ders., Art.: „Krieg – IV. Altest Testament“, in: RGG, Bd. 3, s.o., Sp. 1768f. Peter, O., Art.: „Krieg – I. Religionsgeschichtlich“, in: TRE, Bd. XX, s.o., Ss. 11-19. Prätorius, R., Art.: „Konflikt / Konflikttheorie“, in: WSP, s.o., Ss. 298-301. Reuter, H.-R., Art.: „Krieg – VI. Christentum“, in: RGG, Bd. 4, s.o., Sp. 1770-1772. Ders., Art.: „Krieg – I. Sozialwissenschaftlich“, in: RGG,

Bd. 4, s.o., Sp. 1765-1767. Ders., Art.: „Kriegsdienstverweigerung – II. Ethisch“, in: RGG, Bd. 4, s.o., Sp. 1772f. Ders., Art.: „Kriegsvölkerrecht“, in: RGG, Bd. 4, s.o., Sp. 1776. Rinnerthaler, A., Art.: „Gewalt, Gewaltlosigkeit – V. Kirchenrechtlich“, in: LThK, Bd. 4, s.o., Sp. 615. Rosenberger, V., Art.: „Krieg – III. Außerchristliche Antike“, in: RGG, Bd. 4, s.o., Sp. 1767f. Rüpke, J., Art.: „Krieg – II. Religionswissenschaftlich“, in: RGG, Bd. 4, s.o., Sp. 1767. Schieder, R., Art.: „Kriegspredigt“, in: RGG, Bd. 4, s.o., Sp. 1774. Schmälzle, U. F., Art.: „Gewalt – V. Praktisch-theologisch“, in: RGG, Bd. 3, s.o., Sp. 885f. Ders., Art.: „Gewaltlosigkeit – II. Praktisch-theologisch“, in: RGG, Bd. 3, s.o., Sp. 889. Schrey, H.H., Art.: „Gewalt / Gewaltlosigkeit – I. Ethisch“, in: TRE, Bd. XIII, s.o., Ss. 168-178. Ders., Art.: „Krieg – IV. Historisch / Ethisch“, in: TRE, Bd. XX, s.o., Ss. 28-55. Sieckmann, J. R., Art.: „Gewalt – IV. Juristisch“, in: RGG, Bd. 3, s.o., Sp. 884f. Soggin, J. A., Art.: „Krieg – II. Altes Testament“, in: TRE, Bd. XX, s.o., Ss. 19-25. Stern, K., Art.: „Gewaltenteilung“, in: LThK, Bd. 4, Sp. 615f. Tomuschat, C., Art.: „Kriegsrecht“, in: LThK, Bd. 6, s.o., Sp. 480f. Waldmann, P., Art.: „Terrorismus“, in: WSP, s.o., Ss. 703-708. Woyke, W. / Thibaut, B., Art.: „Internationale Organisationen“, in: WSP, s.o., Ss. 258-263. Zippelius, R., Art.: „Gewaltenteilung“, in: RGG, Bd. 3, s.o., Sp. 886f. D) Sekundärliteratur zu Luther, Krieg und Gewalt: Aland, K., Martin Luther, in: ders., Die Reformatoren: Luther, Melanchthon, Zwingli, Calvin; mit einem Nachwort zur Reformationsgeschichte, Gütersloh 1980, Ss. 9-47. Ders., Die Reformation Martin Luthers, in: ders., Geschichte der Christenheit, Bd. 2, Von der Reformation bis in die Gegenwart, Gütersloh 1982, Ss. 35-143. Clausert, D., Das Problem der Gewalt in Luthers Zwei-Reiche-Lehre, in: Evangelische Theologie, 26. Jg., München 1966, Ss. 36-56. Dietsch, W., u.a., Martin Luther und die Reformation, Frankfurt a. M. 1983. Dollinger, H., Die Welt im Zeitalter der europäischen Expansion und der Glaubenskriege (1500 bis 1650), in: Ploetz, Weltgeschichte auf einen Blick. Politik, Wirtschaft, Kultur in Text und Bild von den Anfängen bis heute, Würzburg 1988, Ss. 177-226. Erdmann, K. D., Luther über den gerechten und ungerechten Krieg, Göttingen 1984, Ss. 3-39. Forck, G., Die Aktualität der Zwei-Reiche-Lehrer Luthers, in: Rogge, J. / Schille, G. (Hg.), Themen Luthers als Fragen der Kirche heute [TLFK]. Beiträge zur gegenwärtigen Lutherforschung, Berlin 1982, Ss. 63-75. Grundmann, H. (Hg.), Die Entstehung des protestantischen Prinzips, in: Gebhardt, B., Handbuch der Deutschen Geschichte, Bd. 2, Von der Reformation bis zum Ende des Absolutismus, 16. bis 18. Jahrhundert, Stuttgart 1967, Ss. 64-86. Hägglund, B., Luther, in: ders., Geschichte der Theologie. Ein Abriß, Gütersloh 1983, Ss. 160-191. Heckel, G., Der Friede – ein köstlich Ding, in: ders. / Lohff, W. (Hg.), Herr und Knecht zugleich: Studien zu Martin Luthers Gottes- und Menschenverständnis. Mit einer Einführung von Landesbischof D. Dr. Johannes Hanselmann, München 1982, Ss. 139-152. Herms, E., Theologie und Politik. Die Zwei-Reiche-Lehre als theologisches Programm einer Politik des weltanschaulichen Pluralismus, in: Gesellschaft gestalten. Beiträge zur evangelischen Sozialethik, Tübingen 1991, Ss. 95-124. Heussi, K., Die lutherische Reformation, die Territorien und das Reich vom 1. Reichstag von Speyer (1526) bis zum Nürnberger Anstand (1532). Entstehung des Territorialkirchentums. Der Abendmahlsstreit zwischen Luther und den Schweizern, in: ders., Kompendium der Kirchengeschichte, Tübingen 1991, Ss. 295-300. Hof, O., Luthers Lehre von den zwei Reichen, in: ders., Schriftauslegung und Rechtfertigungslehre. Aufsätze zur Theologie Luthers. Mit einem Geleitwort von Edmund Schlink, Karlsruhe 1982, Ss. 143-159. Jüngel, E., Zwei Schwerter – Zwei Reiche. Die Trennung der Mächte in der Reformation, in: Die Professoren der Theologischen Fakultät (Hg.), Theologie und Glaube, Jg. 90, Paderborn 2000, Ss. 146-166. Kunst, Hermann, Antworten Luthers zu den Fragen des Glaubens und des Lebens, der Kirche und der Welt (in alphabetischer Ordnung), in: ders., Martin Luther [ML]. Ein Hausbuch, Stuttgart 1982, Ss. 369-450. Ders., Martin Luther – Leben und Werk, in: ML, s.o., Ss. 11-60. Ders., Staat und öffentliche Ordnung, in: ML, s.o., Ss. 313-356. Lau, F., Martin Luther (1483-1546), in: Schröder, C. M. (Hg.), Klassiker des Protestantismus, Bd. 2, Der Glaube der Reformatoren: Luther, Zwingli, Calvin, Bremen

1964, Ss. 1-252. Lohse, B., Dogma und Bekenntnis in der Reformation: Von Luther bis zum Konkordienbuch, in: Andresen, C. (Hg.), Handbuch der Dogmen- und Theologiegeschichte, Bd. 2, Die Lehrentwicklung im Rahmen der Konfessionalität, Göttingen 1980, Ss. 1-164. Lortz, J., Die Entstehung des konfessionellen und des politisch-konfessionellen Prinzips (1521-1529), in: ders., Die Reformation in Deutschland. Mit einem Nachwort von Peter Manns, Freiburg / Basel / Wien 1982, Ss. 26-46. Maess, T., Aus Martin Luthers „Ermahnung zum Frieden auf die zwölf Artikel der Bauernschaft in Schwaben" (1525), in: ders., Dem Luther aufs Maul geschaut. Kostproben seiner sprachlichen Kunst, Leipzig 1982, Ss. 47f. Mau, R., Beruf und Berufung bei Luther, in: TLFK, s.o., Ss. 11-28. Moeller, B., Deutschland um 1521, in: Leuschner, J. (Hg.), Deutsche Geschichte, Bd. 4, Deutschland im Zeitalter der Reformation, Göttingen 1988, Ss. 48-101. Ploetz, Deutschland und das Zeitalter der Reformation, in: Der Kleine Ploetz. Hauptdaten der Weltgeschichte, Würzburg 1985, Ss. 116-122. Ders., Heiliges Römisches Reich, Österreich und Brandenburg-Preußen (1493-1790/92). Die Entwicklung im Reich bis zum Ende des Dreißigjährigen Krieges, in: Ploetz, Große illustrierte Weltgeschichte, Bd. 4, Das Werden des modernen Europa, Stuttgart 1984, Ss. 69-85. Reuter, H.-R., Martin Luther und das Friedensproblem, in: Brieskorn, N. / Riedenauer, M. (Hg.), Suche nach Frieden: Politische Ethik: der Frieden – Neuzeit I, Stuttgart / Berlin / Köln 2000, Ss. 63-81. Richter, J., Luthers Gedanken über „gerechten Krieg", in: Evangelische Theologie, 20. Jg., München 1960, Ss. 125-142. Schmidt, K. D. / Ruhbach, G., Die Durchführung der Reformation in Deutschland, in: Schmidt, K. D., Grundriß der Kirchengeschichte. Ergänzungsband. Chronologische Tabellen zur Kirchengeschichte, Göttingen 1986, Ss. 47-52. Schuchardt, G., Lebensspuren Martin Luthers [LML]. Aller Knecht und Christi Untertan. Der Mensch Martin Luther und sein Umfeld, Erfurt 1996. Simon, E., Der Reformator, in: dies., Ketzer, Bauern, Jesuiten. Reformation und Gegenreformation. Einführung von Landesbischof D. Dr. Hans Lilje, Hamburg 1973, Ss. 28-49. Steck, K. G., Luther – ein Sympathisant der Gewalt?, in: Wissenschaft und Praxis in Kirche und Gesellschaft, früher Pastoraltheologie, 67. Jg., Heft 12, Göttingen 1978, Ss. 558-565. Stievermann, D., Martin Luther in sozialgeschichtlicher Sicht: Ein exemplarischer Lebensweg vom Mittelalter zur Neuzeit, in: LML, s.o., Ss. 7-14. Wohlfeil, R., Zum Lutherbild in der Bundesrepublik Deutschland, in: ders., Das wissenschaftliche Lutherbild der Gegenwart in der BRD und in der DDR. Ein Vergleich, Hannover 1982, Ss. 40-64. E) Sekundärliteratur zu Frieden, Krieg und Gewalt: Beestermöller, G., Eurozentrismus in der Wahrnehmung und Reflexion von Kriegen, in: Concilium [Cc]. Internationale Zeitschrift für Theologie, 37. Jg., Heft 2, April 2001, Ss. 161-169. Bsteh, P., Chronische Gewalttaten und Kriegsverbrechen in globaler Latenz. Zur Argumentation einer Rückkehr des „gerechten Krieges", in: Cc., s.o., Ss. 143-152. Burke, J. F., Die interreligiöse Dimension: eine globale Friedensethik, in: Cc., s.o., Ss. 179-189. Cahill, L. S., Die christliche Tradition des gerechten Krieges: Spannungen und Entwicklung, in: Cc., s.o., Ss. 198-206. Chomsky, N., Die Erblast des Krieges, in: ders., War against People. Menschenrechte und Schurkenstaaten, aus dem Amerikanischen von Michael Haupt, Hamburg / Wien 2001, Ss. 108-130. Creifels, C. / Lichtenberger, G., Völkerrecht. Internationale Beziehungen, in: Model, O. (Hg.), Staatsbürger-Taschenbuch [STB]. Alles Wissenswerte über Staat, Verwaltung, Recht und Wirtschaft mit zahlreichen Schaubildern, München 1992, Ss. 953-1051. Dies., Wehrrecht, in: SBT, s.o., Ss. 627-657. Die deutschen Bischöfe, Gewaltfreiheit in einer Welt der Gewalt. Die biblische Botschaft vom Frieden, in: Sekretariat der Deutschen Bischofskonferenz (Hg.), Gerechter Friede, 27. September 2000, Bonn 2000, Ss. 5-33. Engelhardt, P., Die Lehre vom „gerechten Krieg" in der vorreformatorischen und katholischen Tradition. Herkunft – Wandlungen – Krise, in: Hessische Stiftung Friedens- und Konfliktforschung (HSFK) in Zusammenarbeit mit der Arbeitsgemeinschaft für Friedens- und Konfliktforschung (AFK), mit Unterstützung der Berghof-Stiftung für Konfliktforschung (Hg.), Der gerechte Krieg [gK]: Christentum, Islam, Marxismus, Friedensanalysen 12, Vierteljahresschrift für Erziehung, Politik und Wissenschaft, Frankfurt 1980, Ss. 72-124. Furger, F., Christliche Verantwortung und bewaffnete Friedenssicherung. Modellkonturen, in: Glatzel, N. / Nagel, E. J. (Hg.), Frieden in Sicherheit [FiS]. Zur Weiterentwicklung der katholischen Friedensethik, Freiburg i. B. 1981, Ss. 259-284. Gollwitzer, H., Frieden 2000. Fragen nach Sicherheit und Glauben, München 1982. Härle, W., Wenn Gewalt ethisch geboten ist. Das Vorgehen der USA und die christliche Vorstellung vom „gerechten Frieden", in: Zeitzeichen 2/2002, Ss. 30-33. Hertz, A., Die Friedensaufgabe der Gegenwart, in: Handbuch Christlicher Ethik, Göttingen 1998, Ss. 425-453. Herzinger, R. / Schuh, H., Der heranwachsende Krieg, in: Die Zeit, Nr. 16, 11. April 2002, S. 41. Himes, K. R., Die Rede vom gerechten Krieg in christlicher Tradition, in: Cc., s.o., Ss. 170-179. Jüngel, E., Si vis pacem, para bellum. Friede als Gegenbegriff zum Krieg, in: ders., Zum Wesen des Friedens. Frieden als Kategorie theologischer Anthropologie, München 1983, Ss. 13-23. Karpp, H., Die Stellung der Alten Kirche zu Kriegsdienst und Krieg, in: Evangelische Theologie, 17. Jg., München 1957, Ss. 496-515. Kühnhardt, L., Universalisierung der Menschenrechte als Völkerrechtsnorm, in: ders., Die Universalität der Menschenrechte, Bonn 1991, Ss. 86-104. Lienemann, W., Das Problem des gerechten Krieges im deutschen Protestantismus nach dem Zweiten Weltkrieg, in: gK., s.o., Ss. 125-162. Mieth, D., Die Rückkehr des gerechten Krieges. Ist die humanitäre Intervention ein Mittel gegen den Völkermord oder eine sophistische Verschleierung der Gewalttätigkeit globaler Herrschaftssysteme?, in: Cc., s.o., Ss. 139-142. Moltmann, J., Gott in der Revolution, in: Evangelische Kommentare. Monatsschrift zum Zeitgeschehen in Kirche und Gesellschaft, 1. Jg., Nr. 10, 1968, Ss. 565-571. Oberhem, H., Zur Kontroverse um die bellum-iustum-Theorie in der Gegenwart, in: FiS, s.o., Ss. 41-68. Parker, C., Krieg und bewaffnete Konflikte: Die zwiespältige Rolle der Medien, in: Cc., s.o., Ss. 152-161. Schottroff, L., Gewaltverzicht und Feindesliebe in der urchristlichen Jesustradition. Mt 5,38-48; Lk 6,27-3, in: Strecker, G. (Hg.), Jesus Christus in Historie und Theologie. Neutestamentliche Festschrift für Hans Conzelmann zum 60. Geburtstag, Tübingen 1975,

Ss. 197-221. Schwan, A., Politische Theorien des Rationalismus und der Aufklärung, in: Lieber, H.-J., Politische Theorien von der Antike bis zur Gegenwart, Schriftenreihe, Bd. 299, Studien zur Geschichte und Politik, Bonn 1991, Ss. 157-257. Sölle, D., Aufrüstung tötet auch ohne Krieg, Stuttgart 1982. Uhl, H. / Haupt, D., Internationale Beziehungen – Strukturen und Entwicklungsprozesse, in: Arbeitsgruppe IV der Bundeszentrale für politische Bildung (Hg.), Lernfeld Politik. Eine Handreichung zur Aus- und Weiterbildung, Ss. 259-297. Vigil, J. M., Der Gott des Krieges und der Gott des gerechten Friedens, in: Cc., s.o., Ss. 217-225.

Gliederung der Arbeit:

Vorwort:

Gemäß der Themenstellung „Die aktuelle Bedeutung von Martin Luthers Schrift \`ob Kriegsleute auch in seligem Stande sein können´ von 1526 für das Verständnis von \`Krieg´ im 21. Jahrhundert“ werde ich innerhalb der Arbeit in drei Schritten vorgehen: in einem ersten Teil wird das „Verständnis von \`Krieg´ im 21. Jahrhundert“ dargestellt [A], im zweiten Teil die „Kriegsschrift von Luther \`ob Kriegsleute auch in seligem Stande sein können´ von 1526“ behandelt [B] und im dritten Teil schließlich nach der „aktuellen Bedeutung“ der lutherischen Kriegsschrift „für das Verständnis von \`Krieg´ im 21. Jahrhundert“ gefragt und Ausschau gehalten [C].

A) Zum Verständnis von „Krieg“ im 21. Jahrhundert:

Zunächst einmal soll die historische Entwicklung vom klassischen zum modernen Völkerrecht [1] mit dem Entwicklungsziel von Kriegsächtung und Gewaltverbot [2] beschrieben werden. Daran anschließend soll unterschieden werden zwischen Verteidigungskrieg als Ausnahme des Gewaltverbotes [3] und dem verfassungswidrigen Angriffskrieg [4], bevor eine Kriegsdefinition [5] erfolgt. Schließlich wird noch differenziert zwischen der Theorie des Gerechten Krieges [6] und der Tradition des Heiligen Krieges [7].

1. Völkerrecht als historischer Einstieg:

Das klassische Völkerrecht versteht unter Krieg eine zeitliche Friedensunterbrechung. Er wird durch Erklärung oder Kampfhandlung eröffnet und durch Friedensschluß bzw. Wiederaufnahme friedlicher Beziehungen beendet. Das kodifizierte Kriegsvölkerrecht, bestehend aus dem Haager Abkommen von 1907, den vier Genfer Rotkreiz-Abkommen von 1949 und dem I. und II. Genfer Zusatzprotokoll von 1977, begrenzt den Krieg. Das moderne Völkerrecht hingegen hat sich der Kriegsächtung verpflichtet.[124]

2. Kriegs- bzw. Gewaltverbot als Entwicklungsziel:

Seit dem Briand-Kellog-Pakt von 1928 besteht ein generelles Kriegsverbot, welches durch die UNO-Satzung von 1948 (Art. 2 Ziffer 4) zum grundsätzlichen Gewaltverbot ausgeweitet wurde.[125] Insbesondere nach 1945 verständigten sich die Weltorganisationen, Konflikte zukünftig ohne Gewalt lösen zu wollen.[126] Mittels teilweiser bzw. völliger Waffenbegrenzung resp. – Abschaffung soll zwischenstaatliche Gewaltanwendung eingedämmt bzw. ausgeschlossen werden.[127]

3. Die Ausnahme des Verteidigungskrieges:

Die UN-Charta läßt als Ausnahme des Gewaltverbotes nur das Nothilfe-und Selbstverteidigungsrecht gelten.[128] Somit ist Verteidigung gegen ungerechten Angriff sowohl gerechtfertigt, als auch „Pflicht der zum Schutz zusammengeschlossenen Völkergemeinschaft.“[129] In der BRD hat der Bund die ausschließliche Gesetzgebung über Verteidigung und Zivilbevölkerungsschutz (Art. 73 Nr. 1 GG) und trifft im Angriffsfall erforderliche Abwehrmechanismen.[130]

---

[124] Siehe Reuter, 1766.1776.
[125] So Schrey, 40.
[126] Cf. Herzinger, 41.
[127] Vgl. Delbrük, 1.
[128] Z.B. Sieckmann, 885.
[129] Dazu Oberhem, 59.
[130] So Creifels, 653.629.

4. Die Verfassungswidrigkeit des Angriffskrieges:

Entsprechend gelten bereits „Handlungen, die geeignet sind, das friedliche Zusammenleben der Völker zu stören, insbesondere einen Angriffskrieg vorzubereiten“ als verfassungswidrig (Art. 26 Ab. 1 GG) und sind unter Strafe zu stellen.[131] Ein Angriffskrieg zählt zu den schwersten internationalen Verbrechen und die „für seine Entfesselung Verantwortlichen“ werden als Kriegsverbrecher bestraft.[132]

5. Eine Kriegsdefinition:

Krieg wird definiert als „mit Waffengewalt ausgetragene[r] Konflikt zwischen größeren Gruppen, Völkern und Staaten.“[133] Doch trifft der Begriff „immer weniger heutige Militäraktionen. Ein Beispiel dafür ist der sogenannte Kosovokrieg. Es wurde weder gegen ein Land oder ein Volk Krieg geführt, noch erfolgte der Einsatz von Soldaten und militärischen Mitteln gegen Feinde. Eher handelte es sich um eine Polizeiaktion mit militärischen Mitteln, um verfeindete Parteien auseinander zu halten, gegenseitige Übergriffe und somit Vertreibungen und Massaker zu verhindern. Dazu passt, dass die Blauhelme noch Monate, sogar Jahre nach Beendigung der Kampfhandlungen im Lande bleiben, um ein Wiederaufflackern von Gewalttaten zu verhindern.“[134]

6. Die Theorie des Gerechten Krieges:

Bei der Theorie des Gerechten Krieges handelt es sich um einen „genuin ethische[n] Kompromiß“, der zwischen den beiden konkurrierenden Werten und Normen „der Forderung Jesu nach Frieden und dem Recht auf Selbstverteidigung gegenüber einem ungerechten Angriff“ im Konfliktfall vermitteln soll.[135] So gilt ein Krieg z.B. dann als rechtmäßig, wenn er eine gestörte Be-

---

[131] A.a.O., 656.
[132] Oberhem, 59.
[133] Reuter, 1765.
[134] Härle, 30.
[135] So Hertz, 426.

ziehung bzw. Frieden wiederherstellen will.[136] Sowohl die Kriegsbegründung (ius ad bellum) als auch die Regeln innerhalb des Krieges (ius in bello) sind exakt festgelegt:[137] Ein gerechter Krieg muß aus gerechtem Grund (causa iusta), mit Willen zum Frieden (intensio recta), auf Befehl rechter Autorität (legitima auctoritas) geführt werden und darf nur als letztes Mittel (ultima ratio) in Betracht kommen sofern Aussicht auf Erfolg besteht. Zudem darf Gewalt nicht gegen Zivilisten gerichtet sein (Diskriminationsprinzip) und die Verhältnismäßigkeit zwischen Ziel und Schaden muß gewahrt bleiben (Proportionalitätsprinzip).[138]

7. <u>Das Problem des Heiligen Krieges:</u>

Es muß unterschieden werden zwischen zwei sich überschneidenden Traditionen, denen des gerechten bzw. des heiligen Krieges.[139] Im Gegensatz zum gerechten, versteht man unter einem heiligen Krieg einen gottgebotenen, „im Namen einer Gottheit geführt[en]" Krieg. Die assoziative Verwechslung beider Kriegsformen „macht die Rede vom `gerechten Krieg´ aus christlicher Sicht tief problematisch."[140]

B) <u>Zur Kriegsschrift von Luther „ob Kriegsleute auch in seligem Stande sein können" von 1526:</u>

Die Antwort auf die indirekte Titelfrage „Ob Kriegsleute auch in seligem Stande sein können" erteilt Luther versteckt gegen Ende seiner Schrift. So heißt es dort: „Weil ich aber weis und durch dein gnadreichs wort gelernt habe, das keins unser guten werck uns helffen mag und niemand als ein krieger sondern allein als ein Christen mus selig werden"[141]. Die Schrift ist gegliedert in Einleitung, Hauptteil und Schlußbemerkung. Die Überschrift verrät bereits

---

[136] Siehe Karpp, 513.
[137] Z.B. Härle, 30.
[138] Vgl. Beestermöller, 476f.
[139] Dazu Engelhardt, 72.
[140] Härle, 31.
[141] Luther, WA, 661.

Thema, Adressat und Absender des Schreibens. Das Büchlein gilt formal dem Ritter und kurfürstlichen Feldobersten Assa von Kram (*1528), welcher bereits „unter verschiedenen Herren in vielen Kriegen gedient [hatte], u.a. im Dienste Franz´ I. von Frankreich sowie Friedrich von Dänemark gegen den vertriebenen Christian II.“[142] Tatsächlich belehrt Luther in der Schrift „die alleine, so gerne wollten recht thun.“[143] Die in Briefform gestaltete Einleitung nennt Anlaß und Begründung der Broschüre[144]: „Dem nach schicke ich euch nu diese meine unterricht, so viel mir Gott verlihen hat, damit yhr und andere, so gerne wollten wol kriegfüren, auff das sie auch Gots hulde und das ewige leben nicht verlören, sich wissen zu rüsten und unterweisen.“[145] Der angekündigte Unterricht ergeht im Hauptteil, in welchem zuerst zwischen Amt und Person unterschieden wird, dann unterschiedliche Kriegsführungsarten behandelt und schließlich Fragekomplexe bezüglich des Soldes, eines unberechtigten Krieges, mehrerer Dienstverpflichtungen und der Ehrsucht angerissen werden. Die ebenfalls in Briefform gehaltene Schlußbemerkung entschuldigt den Verzug der Schrift und verweist auf eine weitere. Ich werde im Folgenden inhaltliche Schwerpunkte setzen, indem ich zuerst Luthers Denvoraussetzung der Zwei-Reiche-Lehre [1] behandle, dann die unterschiedlichen Kriegsführungsarten darstelle: die göttliche Legitimation der Kriegsführung durch die Obrigkeit [2], den legitimen Notkrieg unter Gleichen als Verteidigung [3], die Verwerflichkeit von Angriff und Aufruhr [4] und der gerechte Krieg als Gottesdienst [5], im Anschluß das Gewissen als vorletzte Instanz beschreibe [6] und schließlich auf Gottes Rache und das Jüngste Gericht eingehe [7].

1. Luthers Denkvoraussetzung der Zwei-Reiche-Lehre:

---

[142] Kirchner, 150.
[143] So Luther, z.B. WA, 636.
[144] Vgl. Lau, 3.
[145] Luther, WA, 624.

„Denn er hat zweyerley regiment unter den menschen auff gericht. Eins geistlich, durchs wort und on schwerd, da durch die Menschen sollen frum und gerecht werden, also das sie mit der selbigen gerechtigkeit das ewige leben erlangen. Und solche gerechtigkeit handhabet er durchs wort, wilchs er den predigern befolhen hat. Das ander ist ein weltlich regiment durchs schwerd, auff das die ienigen, so durchs wort nicht wollen frum und gerecht werden zum ewigen leben, dennoch durch solch weltlich regiment gedrungen werden, frum und gerecht zu sein für der welt. Und solche gerechtigkeit handhabet er durchs schwerd.“[146] Luther unterscheidet zwischen weltlichem und geistlichem Regiment, ordnet sie jedoch „als grundverschiedene Formen des einen Ordnungswillens Gottes einander wieder zu“[147], so daß beide Regimente „in gegenseitigem Dienst aufeinander bezogen sind.“[148] Er unterscheidet z.B. zwischen geistlichem und weltlichem Frieden oder zwischen Gerechtigkeit durch Glauben und äußerlicher Gerechtigkeit.[149] In Glaube und Religion soll Gewalt gemieden, auf politischem und sozialem Gebiet jedoch berechtigt sein.[150] Christen gehören zum geistlichen Reich, in welchem Gottes Wort und Liebe herrschen, sollen aber das weltliche Reich, in dem obrigkeitliche Schwertgewalt regiert, bejahen und sich ihr unterordnen.[151]

2. <u>Obrigkeit als hierarchisches Gliederungsmodell:</u>

Ebenso unterscheidet Luther zwischen Evangelium als Herrn des Gesetzes und dem Gesetz, zu welchem auch die Gewalt der Obrigkeit gehört. Jedoch möchte er dem rücksichtslosen Fehdewesen des ehrsüchtigen Adels und der rechtversessenen Obrigkeit ein Ende setzen.[152] Nach ihm ist das weltliche Regiment identisch mit Gewalt, Amt, Recht, Schwert, bzw. Obrigkeit. Letztere ist von Gott verordnet (Röm. 13) und demnach göttlich legitimiert. Sie ist Got-

[146] Luther, WA, 629.
[147] Schwan, 203.
[148] Hof, 154.
[149] Siehe Heckel, 139.
[150] So Steck, 560.
[151] Dazu Richter, 128.
[152] Vgl. Schrey, 171.

tes Wer, Ordnung, Kreatur, Dienerin und Rächerin.[153] Zum Amt der Obrigkeit gehört der Schutz der Schwachen, das Waltenlassen von Gerechtigkeit und die Friedenswahrung im Inneren und nach außen.[154] „Denn weltliche oberkeit ist nicht eingesetzt von Gott, das sie solle friede brechen und kriege anfahen, sondern dazu, das sie den fride handhabe und den kriegern were, wie Paulus Ro. 13. sagt, des schwerds ampt sey Schutzen und Straffen, Schutzen die fromen ym friede und Straffen die bösen mit kriege."[155]

3. Verteidigung als einzig legitimierte Gewalt:

„O, Wehren ist eine redliche ursache zu streyten. Darümb auch alle rechte billichen, das not wehre solle ungestrafft sein. Und wer aus Not wehre yemand erschlecht, der ist unschuldig für yderman."[156] Im Verteidigungsfall gilt es, „Gewalt mit Gewalt zu beantworten."[157] Das Recht zur Kriegsführung beschränkt sich somit auf die Verteidigung. Der Verteidigungskrieg ist für Luther ein unsündlicher Krieg mit dem Zweck des Schutzes der Frommen und der Strafe der Bösen, wie er nach Gottes Willen sein soll.[158]

4. Die Verwerflichkeit von Angriff und Aufruhr:

„Denn man mus den krieg scheiden, als das etlicher aus lust und willen wird angefangen, ehe denn ein ander angreifft, etlicher aber wird aus not und zwang auff gedrungen, nach dem er ist von eym andern angriffen. Der erst mag wol ein kriegs lust, der ander ein notkrieg heyssen. Der erst ist des teuffels, dem gebe Gott kein glück."[159] Jeder Angriffskrieg ist verwerflich, „sei es, daß er um der Durchsetzung von Rechtsansprüchen, um Eroberung und des Machtgewinnes willen geführt wird, sei es, daß er sich als Kreuzzug versteht,

[153] So Clausert, 37.43.
[154] Siehe Erdmann, 8.
[155] Luther, WA, 645.
[156] A.a.O., 647.
[157] Hertz, 441.
[158] Dazu Richter, 138.
[159] Luther, WA, 648.

als Kampf zur Durchsetzung einer Idee."[160] „Wo sie sich aber emporen und aufflenen, wie die baurn nehest thetten, da ist es recht und billich, widder sie zu kriegen."[161] Ebenso „verwirft Luther den bewaffneten Widerstand gegen die Obrigkeit, da dies nach seiner Ansicht Aufruhr gegen die Ordnung Gottes ist. Selbst wenn die Sache, der man durch Aufruhr zum Sieg verhelfen will, gerecht ist, ist nach seiner Auffassung der Aufruhr verwerflich."[162]

5. Der gerechte Krieg als Gottesdienst:

„Wenn man aber recht kriegt, so strafft man einen gantzen grossen hauffen ubelthetter auff ein mal, die so grossen schaden thun, so gros der hauffe ist. Ist nu ein werck des schwerds gut und recht, so sind sie alle recht und gut."[163] Luther „wendet zwar selbst den Begriff `gerecht´ nicht wörtlich auf den Krieg an, dafür braucht er aber im Anfang seiner Schrift die Worte `recht und göttlich´ oder auch `recht und gut´, und diese machen deutlich, daß die Übereinstimmung des `Kriegsamtes´ mit dem göttlichen Willen, genauer noch die göttliche Anordnung oder Einsetzung desselben gemeint ist."[164] Luther versucht in der Kriegsschrift „den Beweis für die These von der Sündlosigkeit des Krieges `an ihm selbst´ zu führen."[165] Religionskriege fallen für ihn nicht unter den Begriff des bellum iustum, Punitivkriege werden auf Rechtsdurchsetzung der Obrigkeit gegenüber den Untertanen beschränkt, das ius ad bellum wird zwischen Gleichgestellten nur zur Selbstverteidigung im Notfall zugelassen, Kriege von Unter- gegen Oberpersonen sind grundsätzlich verboten.[166]

6. Das Gewissen als vorletzte Instanz:

160 Erdmann, 23.
161 Luther, WA, 652.
162 Hägglung, 183.
163 Luther, WA, 628.
164 Richter, 126.
165 Schrey, 38.
166 So Reuter, 1170f.

Mit dem „Büchlin“ will Luther „den schwachen, blöden und zweiffelnden gewissen“ raten und es sollen „die rauchlosen besser unterricht uberkomen“, denn „wer mit gutem, wo berichtem gewissen streyt, der kann auch wol streiten.“[167] Wo ein gutes Gewissen ist, da steht Gott bei und hilft hindurch.[168] Die Kriegsfrage war Gewissensfrage vieler geworden und führte auch Luther selbst in Gewissensprüfungen.[169] Seine paränetische Betonung des in Gottes Wort gebundenen Gewissens versubjektiviert die ethischen Urteile. Er lebt Wert auf Gewissensschärfung, Integrität und Entscheidungen „im Konflikt zwischen divergierenden Geboten, Loyalitäten und Pflichten.“[170]

7. <u>Gottes Rache und Jüngstes Gericht:</u>

„Gott spricht: `Die Rache ist mein, ich will vergelten´. Item: `Richtet nicht´.“[171] Luther versteht den Krieg als Zeichen des herannahenden Jüngsten Gerichtes und als apokalyptisches Vorzeichen des nahenden Weltendes. Die obrigkeitliche innere und äußere Friedenswahrung überbrückt die Zeit, bis der wiedergekehrte Christus sein Reich vollkommener Gerechtigkeit aufrichtet.[172] Durch diese apokalyptische Sicht wird die irdische Geschichte zum Schauplatz eines totalen und evtl. letzten Krieges.[173]

C) <u>Zur aktuellen Bedeutung der lutherischen Kriegsschrift für das Verständnis von „Krieg“ im 21. Jahrhundert:</u>

Bei der Frage, inwiefern eine nahezu 500-jährige Schrift in ihrer Bedeutung auch ein halbes Jahrtausend später noch aktuell sein kann, vielleicht und gerade erst recht „nach den Terroranschlägen des 11. September 2001“[174], möchte ich zunächst auf die Aktualität des gerechten Krieges [1] und das

[167] Luther, WA, 623.
[168] Vgl. Maess, 47.
[169] Richter, 131.
[170] Reuter 63.71.
[171] Luther, WA, 636.
[172] So Erdmann, 5.23.
[173] Cf. Lienemann, 130.
[174] Vgl. Härle, 32.

Gewissen in der Wehrdienstfrage eingehen [2], weiterhin die prinzipielle Gültigkeit der Zwei-Reiche-Lehre [3] und des lutherschen Autoritätsdenkens behandeln [4], mich dann auf Recht, Billigkeit und die Menschenrechte [5] und die Praxeologie der Gewaltminimalisierung konzentrieren [6] und schließlich die Friedensethik betonen [7].

1. Die Aktualität des gerechten Krieges:

„Das ampt des schwerds ist an yhm selber recht und eine Göttliche nützliche ordnung, wilche will er unveracht sondern gefurcht, geehret und gehorcht haben, odder sol ungerochen nicht bleiben, wie S. Paulus Ro. am xiij. Sagt."[175] Wie kein anderer vor ihm verurteilt Luther Angriffs- und Präventivkriege und erklärt ausschließlich Verteidigungskriege mit der Einschränkung der ultima ratio, bei Versagen aller gütlichen Mittel, als berechtigte.[176] Bereits das Augsburger Bekenntnis (CA 5) von 1530 spricht von der rechtmäßigen Kriegsführung (iure bellare, militare) und auch die 5. These der Barmer Theologischen Erklärung von 1934 übernimmt als Aufgabe des Rechtsstaates die Sorge für Recht und Frieden unter Androhung und Ausübung von Gewalt.[177] Hingegen stellt die Stockholmer Weltkirchenkonferenz von 1925 fest, daß Krieg und Gewalt mit der Gesinnung Jesu Christi und seiner Kirche unvereinbar seien. Doch wird 1937 in Oxford daraus kein eindeutiges Nein zum Krieg, sondern vielmehr drei mögliche christliche Stellungnahmen: eine kriegsverneinend pazifistische, eine weiterhin an der Möglichkeit gerechten Krieges festhaltende und die lutheranische, daß Krieg zur sündigen Gestalt dieser Welt gehöre und nicht abzuschaffen sei. Die Losung der 1. Vollversammlung des Ökumenischen Rates der Kirchen in Amsterdam von 1948, `Krieg soll nach Gottes Willen nicht sein´, formuliert wiederum den Konsensus, auch künftige Kriege als gerechte Kriege zu legitimieren. Auch heute noch wird das kriegerische Ethos im Raum des Luthertums „durch drei Motive bestimmt: durch die Ge-

[175] Luther, WA, 629.
[176] Siehe Richter, 141.
[177] Cf. Lienemann, 884.

horsamspflicht gegenüber der Obrigkeit, den Berufsgedanken und die Verteidigung des Vaterlandes."[178] Die christliche Version der Lehre des gerechten Krieges ist noch immer bemüht, „ihre dreifache Funktion zu erfüllen: den Krieg als Böses zu verurteilen, die Übel, die er mit sich bringt, zu begrenzen und seine Führung so weit wie möglich zu humanisieren."[179]

2. Das Gewissen in der Wehrdienstfrage:

„Wenn du weist gewis, das er [dein herr] unrecht hat, so soltu Got mehr furchten und gehorchen denn menschen, Acto. 4., und solt nicht kriegen noch dienen; denn du kanst da kein gut gewissen für Gott haben."[180] Im Falle des ungerechten Krieges „reklamiert Luther einen Vorbehalt des Gewissens."[181] Die Kriegsgedankenbedeutung Luthers liegt mehr noch als in der Notwehr in seiner Betonung der Gewissensfrage. Mit ihr begründet er Recht und Pflicht zur Verweigerung des Kriegsdienstes, so daß die heutige Achtung der Gewissensentscheidung in der Wehrdienstfrage letztlich mit der lutherischen Haltung übereinstimmt. Dem tiefsten reformatorischen Anliegen entsprechend erhebt er das Gewissen zur entscheidenden Instanz und durchbricht damit die hochgestellte Obrigkeitsautorität. „Im Keim ist damit schon das Mitsprācherecht und die Mitverantwortung der Einzelpersonen in den großen Fragen der Gemeinschaft wie Krieg und Frieden bejaht und angebahnt."[182] Nach wie vor also „bedeutsam ist Luthers Betonung des Gewissens als Entscheidungsinstanz für die Beteiligung am Kriege."[183]

3. Die prinzipielle Gültigkeit der Zwei-Reiche-Lehre:

„Ihr [der Christen] regiment ist ein geistlich regiment und sind nach dem geiste niemand denn Christo unterworffen. Aber dennoch sind sie mit leyb und

[178] Vgl. Schrey, 41.30.
[179] Cahill, 199.
[180] Luther, WA, 656.
[181] Reuter, 1171.
[182] Richter, 142.
[183] Schrey, 38.

gut der weltlichen oberkeit unterworffen und schuldig gehorsam zu sein."[184] Die Zwei-Reiche-Lehre bringt auch heute noch „die der Welt selber bisher verborgene Einheit der Welt zur Geltung."[185] Sie ist zudem „gerade darin aktuell, daß sie für das handeln der Christen in der Welt außer dem Motiv der dienenden Liebe keine ein für alle mal bindende Normen gibt und so dazu befreit und nötigt, das jeweils Fällige in Verantwortung vor Gott und für Menschen immer neu vernünftig zu entscheiden."[186] Sie ist nach wie vor theologische Theorie spezifisch christlicher Politik, enthält ein reflektiertes Orientierungsinstrument für politische Urteilsbildung und ist insofern „ein grundlegendes Moment politischer Rationalität".[187] Die beiden Regimente sind zwei sich ergänzende Modi göttlicher Weltregierung und die Grundunterscheidung von weltlichem und geistlichem Reich ermöglicht „auf seiten des Protestantismus die Akzeptanz der Religionsneutralität des Staates, auch wenn dessen konsequente Realisierung im modernen weltanschaulichen Pluralismus Luthers Vorstellungsvermögen" übersteigt.[188]

4. <u>Die Übernahme des lutherischen Autoritätsdenkens:</u>

„Es ist fein und billich, das die oberkeit nach gesetzen regire und die selbigen handhabe und nicht nach eygenem mutwillen. Aber thu das noch hynzu, das ein König nicht alleine sein landrecht odder artikel gelobt zu halten, sondern Gott selber gebeut yhm auch, er solle frum sein, und er gelobets auch zu thun."[189] Gemäß lutherschem Autoritätsdenken beanspruchen moderne Staaten Gewaltmonopol bzw. Gewaltenteilung zu wechselseitiger Kontrolle und Beschränkung staatlicher Gewaltausübung mit dem Zweck der Friedenssicherung und der Pflicht, für die Sicherheit der Bürger zu sorgen, denen jegliche Gewaltanwendung grundsätzlich untersagt bleibt.[190] Zwangsgewalt (vis),

[184] Luther, WA, 629.
[185] Jüngel, 154.
[186] Forck, 73.
[187] Herms, 102.117.123.
[188] Siehe dazu Reute, 67.
[189] Luther, WA, 640.
[190] So Sieckmann, 884.

wie sie in Polizei, Justiz, Armee begegnet, ist spezifisches Mittel der Staatsgewalt (potestas) zur Erhaltung hoheitlicher Natur und innerer Souveränität, Recht ein- und gegen Widerstrebende durchzusetzen.[191] „Es musteja hie zwisschen euch ein ander oberkeit komen, der euch beyde verhörete und den schüldigen verurteilt. Sonst wirstu dem urteil Gotts nicht entlauffen, da er spricht: `Die Rache ist mein´, Item: `Richtet nicht´, Matth. 7."[192] Da die einzelnen Staaten nicht mehr in der Lage sind, die Grundrechte der Bürger zu schützen, muß es Aufgabe einer supranationalen Autorität sein, „zum Schutz der Grundrechte zu intervenieren (humanitäre Intervention). Unter den gegebenen Bedingungen kämen nur die Vereinten Nationen in betracht. Sie gilt es so zu reformieren, daß die Staaten der `Dritten Welt´ eine faire Chance bekommen, ihre Sicht der Dinge zur Geltung zu bringen. Nur dann können die Vereinten Nationen als unparteiische, öffentliche Autorität gelten."[193] Die UN wurden Ende des II. Weltkriegs mit dem Ziel gegründet, durch dauerhafte multilaterale, weltweite Zusammenarbeit zwischen Staaten künftiger Weltfriedenssicherung zu dienen und internationale Sicherheit zu wahren.[194] Die UN-Charta gilt als normativ bindend und ihre vollständige Verwirklichung als universeller Auftrag.[195] Trotz der Legalität militärischer UN-Sanktionen gegenüber Friedensgefährdungen (Kap. VII der UN-Charta) gelang es bisher nicht, wirksame Institutionen globalen, völkerrechtlich definierten Gewaltmonopols zu schaffen. „In der Gegenwart wächst die Einsicht, daß der Gebrauch rechtmäßiger Gewalt an menschen- und völkerrechtlichen Kriterien gemessen werden muß."[196]

5. Recht, Billigkeit und die Menschenrechte:

[191] Dazu Ifensee, 616.
[192] Luther, WA, 640f.
[193] Cf. Beestermöller, 477.
[194] Siehe dazu Knapp, 733.
[195] So Dolzer, 260.
[196] Lienemann, 884.

„Solche tugent odder weisheit, die also kann und sol das strenge recht lencken und messen, nach dem sich die felle begeben, und einerley guts odder böses werck nach unterscheid der meynunge und der hertzen richtet, Die heyst auff Kriechisch `Epikia´, auf Latinisch `Equitas´. Ich nenne sie `Billichkeit´. ... Also müssen und sollen alle rechte, wilche auff die that gestellet sein, der Billichkeit als der meysterynn unterworffen sein umb der manchfeltigen, unzelichen, ungewissen zufelle willen, die sich begeben konnen und niemand sie kann zuvor abmalen odder fassen.“[197] „Angesichts der wachsenden Komplexität moderner Gesellschaften und ihrer fortschreitend differenzierten Konfliktmaterien und Konfliktfelder dürfte gerade diese im Prinzip hochpazifizierte Funktion des Rechts als Konfliktlösungsinstrument in Zukunft wohl eher noch zunehmen.“[198] Zu den Rechten zählen auch die Menschenrechte, welche als Menschenrechtsidee im Vorlauf des vergangenen Jahrhunderts von einer philosophischen Diskursfigur zu einer politischen Kategorie und einem integralen Bestandteil politischer Ordnungsdiskussionen aufgestiegen sind.[199] Auch das „Deutsche Volk bekennt sich zu den unverletzlichen und unveräußerlichen *Menschenrechten* als Grundlage jeder menschlichen Gemeinschaft, des Friedens und der Gerechtigkeit in der Welt (Art. 1 GG).“[200] Jedoch ist im derzeitigen, dem 21. Jahrhundert das gewachsene Menschenrechtsethos „mit brutalsten innerstaatlichen Konflikten konfrontiert, die erneut die Frage nach der ethischen Legitimität bewaffneten Rechtsgüterschutzes aufwerfen – sei es durch bedrohte (Volks-)Gruppen selbst, sei es durch andere Staaten. Hier zeigt sich, daß die Absage an die bellum-iustum-Lehre nicht die auch in anderem Kontext (Widerstandsrecht) tradierten Begrenzungsregeln rechtserhaltender Gewalt preisgeben darf.“[201]

6. Die Praxeologie der Gewaltminimalisierung:

[197] Luther, WA, 632.
[198] Korff, 612.
[199] Vgl. Kühnhardt, 86f.
[200] Creifels / Lichtenberger, 968.
[201] Reuter, 1771f.

„Auff das aber, da sie einfüren, Die Christen haben keinen befelh zu streiten und exempel seyen nicht gnug, weil sie eine lere haben von Christo, das sie dem vbel nicht sollen widder stehen sondern alles leyden, hab ich gnugsam ym büchlin von der weltlicher oberkeit geantwortet. Denn freylich die Christen nicht streyten noch weltliche oberkeit unter sich haben."[202] Absolute Gewaltlosigkeitsforderungen können nicht „als sachgerechte Vergegenwärtigung des urchristlichen Feindesliebegebotes verstanden werden."[203] Gewaltlosigkeit als Ziel konkreter praxeologischer Verwirklichung bedeutet vielmehr Gewaltminimalisierung.[204] Solange Gewalt jedoch als ontisch unveränderliches und unvermeidbares Element der Weltgestalt verstanden wird, kann die Frage nach Gewaltvermeidbarkeit nicht wirklich gestellt und beantwortet werden, sondern erst dann, wenn sie „in ihrer geschichtlichen Bedingtheit und damit zugleich Fragwürdigkeit erkannt und im Sinne einer nachaufklärerisch-revolutionären Utopie als aufhebbar erhofft wird."[205] Das Gewaltanwendungs- ist ein Scheinproblem. „Es gibt nur die Frage nach berechtigter und unberechtigter Gewaltanwendung und die Frage nach der Verhältnismäßigkeit der Mittel gegenüber den Zielen."[206] Die Gewaltminimalisierung muß mit „Mitteln kommunikativer Vernunft durch Akte egalitärer Verständigung, solidarischen Zusammenlebens und identitätsstiftender Erziehung" mobilisiert werden.[207] Es läßt sich eine noch unabgeschlossene Tendenz aufzeigen, „rechtsfreie oder rechtlich und machtmäßig ungenügend geregelte Räume, in denen der Krieg als Instrument der Konfliktregelung eingesetzt wird, durch Rechtsordnungen auszufüllen, die den Krieg überflüssig machen und Gewalt zu minimalisieren anleiten.[208] Anstelle einer Doktrin tritt jetzt die Praxeologie der Gewaltminimalisierung und Friedensverkündigung.[209]

[202] Luther, WA, 628f.
[203] Schottroff, 221.
[204] Siehe Furger, 265.
[205] Schrey, 174f.
[206] Moltmann, 569f.
[207] Vgl. Schmälzle, 885.
[208] So Engelhardt, 72.
[209] Dazu Oberhem, 54.

7. Eine Ethik des Friedens:

„Warumb kriegt man, denn da man fride und gehorsam haben will?“[210] Die primäre christliche Friedensethik und die sekundäre Ethik legitimer Gegengewalt, liegen seit spätrömischer Zeit miteinander im Konflikt.[211] Die primäre Friedenswahrung ist demnach vorrangig vor der Erlangung des jeweils eigenen Rechts.[212] Die wahrscheinlich größte Herausforderung der Menschheit besteht wohl darin, den „natürlichen Gott `des Krieges´ abzulegen, und statt dessen den Gott eines Friedens mit Gerechtigkeit anzubeten, der als einziger den Frieden der Menschheit garantieren kann.“[213] Die Friedensethik der christlichen bellum-iustum-Doktrin transportiert handlungsbezogene Sollensforderungen, welche bei einer allgemeinen Friedensparänese verloren gingen, unterstützt Programme internationalen Gewaltverzichts und ist Ausdruck „christlicher Solidarität mit der `Welt´ und dem ihr gebührenden Ethos.“[214] Im negativen Friedensverständnis geht es um Regulierung von Gewaltpotential, der positive Friedensbegriff hingegen zielt auf die generelle Aufhebung von Gewalt.[215] Zu den klassischen Naturrechtsgrundsätzen gehören die Formeln: „*neminem laede*, verletze niemanden und halte Frieden; *suum cuique*, gib jedem das seine, und übe zugleich Gerechtigkeit und *pacta sunt servanda*, Verträge sind einzuhalten, praktiziere Bündnistreue. Eine Situation, in der diese drei naturrechtlichen Prinzipien gleichzeitig zur Geltung kämen, verdiente die Charakterisierung `gerechter Frieden´.“[216] Dieser Frieden ist Voraussetzung allen Weiterlebens.[217] Somit sind Rüstungsbeschränkung bzw. kontrollierte Abrüstung sowohl Voraussetzung für eine zukünftige Friedensethik und Weltfriedensordnung als auch aktuell ethische Forderungen an

[210] Luther, WA, 625.
[211] Siehe Mieth, 139.
[212] Cf. Erdmann, 12.
[213] Vigil, 225.
[214] Dazu Oberhem, 67f.
[215] So Uhl / Haupt, 281.
[216] Härle, 33.
[217] Vgl. Gollwitzer, 85.

Staaten und Staatenbündnisse zu deren Friedenssicherung.[218] Es reicht nicht, sich über mangelnde Friedensfähigkeit im 21. Jahrhundert zu beklagen. Statt dessen bedarf es einer Zielperspektive, die eine überzeugende Richtung zu weisen und Sehnsucht nach messianischem Frieden wach zu halten vermag.[219] Dieser Frieden kann als realisierbare Utopie und bislang nirgends verwirklichter Zustand gedacht werden, welcher dennoch nicht imaginär sein braucht.[220]

Nachwort:

Selbst wenn ich mit Richter darin übereinstimme, daß es in der lutherschen Kriegsschrift an völliger Klarheit fehlt und sich darin eine gewisse Unsicherheit verrät, dessen Widerspruch sich aus den beiden Seiten des Krieges, des Schutzes bzw. der Erhaltung und der Vernichtung des Lebens erklärt, so daß man „unmöglich [wird] behaupten können, daß in all den bisher von uns behandelten Ausführungen Luthers der von ihm so angestrebte `Beweis´ für seinen `gerechten Krieg´ gelungen sei"[221], so möchte ich dennoch mit Erdmann die „These aufstellen, daß man heute das Recht zum Kriege etwa in den engen Grenzen sieht, wie wir sie in den Lutherschriften aufzeigen konnten".[222] Sieht man die Terroranschläge vom 11. September 2001 als Angriff an, so kann nach Luther mit Härle gemeinsam behauptet werden, daß sowohl „neben und nach der Rettung und Bergung der Opfer des Terrorismus in den USA die wirksame Erhöhung des Schutzes und Abwehrmaßnahmen gegen weitere terroristische Anschläge", „die möglichst umfassende Prävention gegen künftige terroristische Anschläge" als auch „die intensive Erforschung und langfristige Behebung der Bedingungen, die zum Terrorismus geführt

[218] So Hertz, 449.
[219] Cf. Die deutschen Bischöfe, 10.33.
[220] Siehe Jahn, 162.
[221] Vgl. Richter, 137.
[222] Erdmann, 38.

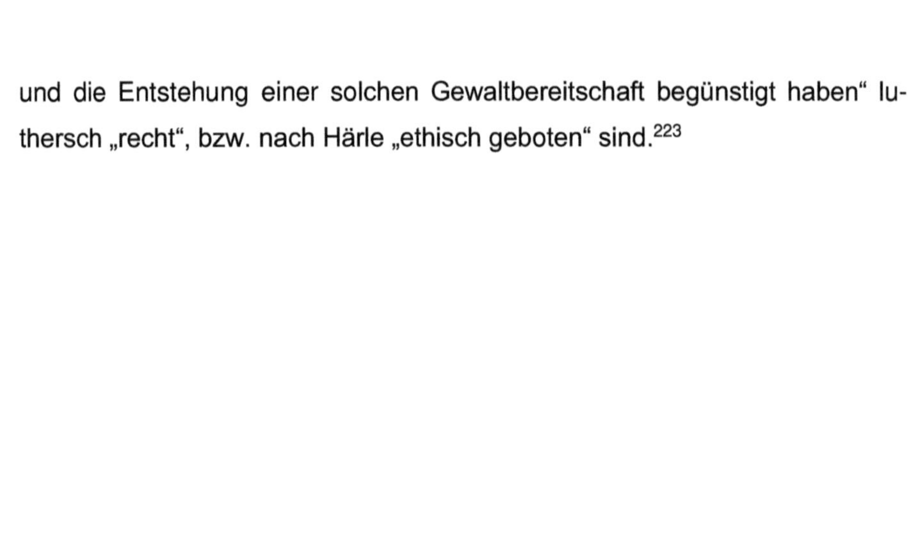

und die Entstehung einer solchen Gewaltbereitschaft begünstigt haben“ lutheresch „recht“, bzw. nach Härle „ethisch geboten“ sind.[223]

[223] Härle, 32f.

Printed by Books on Demand GmbH, Norderstedt / Germany